新时代我国体育小镇的建设路径研究

主编◎王　辉　潘欣玥　李　平

哈尔滨工程大学出版社
Harbin Engineering University Press

内容简介

本书立足田野调查，通过对小镇管理者、投资方、小镇居民以及体育小镇建设专家的深度访谈，客观地呈现体育小镇建设的情况。本书主要对体育小镇开发运用到的体育产业发展理论、城镇化建设理论以及文化传承理论进行梳理，运用城镇发展规律对体育小镇的成长规律及特征进行分析，对比分析不同类型体育小镇的优势和劣势，指出了我国体育小镇建设存在的主要问题。本书从实际问题出发，提出了体育小镇的规划措施、文化传承与生产路径、产业布局与实施路径及体制机制创新路径。

本书可供对体育产业发展、小城镇建设、特色小镇建设感兴趣的学者，从事体育小镇、特色小镇建设者和管理者，关注体育产业发展、特色小镇发展的投资人和企业家研究参考。

图书在版编目(CIP)数据

新时代我国体育小镇的建设路径研究/王辉，潘欣玥，李平主编. —哈尔滨 ：哈尔滨工程大学出版社，2022.6

ISBN 978-7-5661-3634-3

Ⅰ. ①新… Ⅱ. ①王… ②潘… ③李… Ⅲ. ①小城镇-体育事业-发展-研究-中国 Ⅳ. ①G812

中国版本图书馆 CIP 数据核字(2022)第 130559 号

新时代我国体育小镇的建设路径研究
XINSHIDAI WOGUO TIYU XIAOZHEN DE JIANSHE LUJING YANJIU

选题策划 薛　力
责任编辑 王丽华
封面设计 李海波

出版发行 哈尔滨工程大学出版社
社　　址 哈尔滨市南岗区南通大街 145 号
邮政编码 150001
发行电话 0451-82519328
传　　真 0451-82519699
经　　销 新华书店
印　　刷 哈尔滨午阳印刷有限公司
开　　本 787 mm×1 092 mm　1/16
印　　张 10.5
字　　数 200 千字
版　　次 2022 年 6 月第 1 版
印　　次 2022 年 6 月第 1 次印刷
定　　价 65.00 元
http://www.hrbeupress.com
E-mail:heupress@hrbeu.edu.cn

前　言

2014 年 3 月,《国家新型城镇化规划(2014—2020 年)》的颁布,标志着我国开始进入了新型城镇化建设的探索实施阶段。2016 年,习近平总书记对深入推进新型城镇化建设做出重要指示强调:“坚持以创新、协调、绿色、开放、共享的发展理念为引领,促进中国特色新型城镇化持续健康发展。”

2016 年国家有关部门连发三个文件推动特色小(城)镇的建设,自此,小城镇、特色小镇、旅游小镇、特色农业小镇、体育小镇开始遍地开花。江苏省率先提出建设“体育健康特色小镇”。2017 年 5 月,国家体育总局办公厅印发《关于推动运动休闲特色小镇建设工作的通知》,并在同年 8 月公布了第一批立项的 96 个运动休闲小镇的名单。在特色小镇、体育小镇、体育产业等各项政策的推动下,体育小镇本该进入快速的发展期,然而现实并非如此。从 2016 年开始,编者跟踪调研了部分国家级、省级立项的体育小镇,调查了解到的实际情况是,体育小镇的建设由迅速启动申报、如火如荼地开展,到如今形成三个“三分之一”的格局:三分之一的国家级小镇被警告、被取消认定;三分之一的小镇“有市无体”,无奈转变发展方向;还有三分之一的体育小镇经过打造逐步形成特色,但因遇到了种种不可预测的情况,诸如疫情、资金断链以及政策支持不具连续性等,亟待各方提供援助,等待柳暗花明。

本书立足田野调查,通过对小镇管理者、投资方、小镇居民以及体育小镇建设专家的深度访谈,客观地呈现体育小镇建设的情况。本书主要包括八章。第一章,追根溯源,解析体育小镇兴起的背景、缘由和动力来源。第二章,依据新时期体育小镇建设的特点,提出体育小镇的狭义和广义概念、体育小镇的类型和特征、体育小镇建设的时代价值。第三章,对体育小镇开发运用到的城镇化建设理论、体育产业发展理论以及文化传承理论进行梳理,对相关的文献进行分析。第四章,运用城镇发展规律对体育小镇的成长规律与发展现状进行分析,呈现体育小镇的真实生存现状。第五章,运用 PEST - SWOT 模型,对体育小镇建设面临的政策、经济、社会以及科技环境进行深度剖析。第六章,对调研中发现的典型体育小镇的主要举措与发展困境进行全面、细致的分析,对比分析不同类型体育小镇的优势和劣势,指出我国体育小镇建设存在的主要问题。第七章,通过分析国外成功的体育小镇的典型案例,从中获得经验启示。第八章,从解决问题出发,研究提出体育小镇的规划措施、文化传承与生产路径、产业布局与实施路径、体制机制创新路径。

本书在内容上有以下特色和创新之处:(1)依据新时期体育小镇建设的特点,提出体育小镇的狭义和广义概念。体育小镇可以有多种类型,从不同维度来看这些类型有不同的特征。(2)依据体育小镇建设所需的条件,将体育小镇分为内生型和外培型两种。结合实践案例，编者分别对两种类型小镇的优势、劣势进行对比分析。运用产城融合的规律,提出体育小镇的成长规律、体育产业与特色小镇耦合的动态模型。通过分析体育小镇的生命机理、生命状态特征,提出体育小镇的成长会经历萌芽期、成长期、成熟期和分化期四个时期,每个时期的体育小镇建设呈现出不同的特征。我国体育小镇的建设总体而言尚处于萌芽期。体育小镇建设以依托建制镇和非城非区为主,与原居民居住区的关系主要有“共生型”和“共存型”两种,而“共存型”占多数。(3)参考国外典型体育小镇的建设经验,结合我国特色小镇建设的成功经验和体育小镇的建设实际,提出体育小镇的成功要素。一是体育小镇要有“灵魂”。实现创新、文化传承两个层面的深度结合,赋予体育小镇文化灵魂和更为鲜明的特色,肩负起文化传承和再造的使命。二是体育小镇要有“源泉”。将体育产业与其他产业关联强化起来融合建设,小镇才更有生命力和活力。三是体育小镇的体制机制要“创新”。政府、企业、市场和人才四方合力,创新体制机制,才能使小镇良性运转。四是体育小镇建设要有“优势”。发挥地区与资源的组合优势,实现地区与资源的优势互补,才能吸引更多的投资商,实现效益最大化。

由于受某些现实因素的影响,体育小镇的建设进度缓慢、建设周期延长,故本书对体育小镇现状的分析数据基本截止到2019年底。本书力求忠于大变革时代背景下中国特色体育小镇建设所发生的事实,但是受中国发展迅速、形式复杂以及多因素的交互影响,未来我们也难以避免自己的局限性。正如彼得·德鲁克所言,“这一缺点是我在从事所有创造性工作时需要面对的缺点”。为此,体育特色小镇建设要审时度势、与时俱进。正是基于这样的思考,基于特色小镇建设的实践与发展,也基于对未来的敬畏,我们在后续的研究中,会继续关注各地体育小镇的建设情况。在五年的实地考察过程中,从特色小镇建设者、参与者、研究者身上,我们感受到体育小镇的前景无限,未来可期。

编　者

2022年1月

目　录

第一章　体育小镇的兴起

第一节　体育小镇兴起的背景

一、顺应中国新型城镇化发展而兴起的特色小镇

2006 年前后,“特色小镇”成为高频词出现在媒体上,对其相关的研究成果呈梯度上升的态势。当时流行一句话:“忽如一夜春风来,千万特色小镇开”。自 20 世纪 80 年代中国开启城镇化进程以来,目前中国城镇化率突破了 60%。由于大量人口如潮水般从农村涌入大中城市,因此地价上涨,房价高企,教育、医疗等资源紧缺,道路拥挤不堪,城市病日益凸显。2013 年,中共中央按照《关于全面深化改革若干重大问题的决定》,对中国特色新型城镇化发展的路径、方向与标准给予了界定,确定了城乡一体化的大局。从 2014 年开始,国家出台了相应的配套规划文件,将特色新型城镇化建设从勾勒图景层面,转入探索建设层面。

新型城镇化的概念最早由生态学家张荣寰在《生态文明论》一文中提出。“新”主要体现在与传统城镇化相比,新型城镇化是人的城镇化而非物的城镇化;新型城镇化注重工业化、城镇化、农业化、信息化同步发展,而非工业化引领的粗放式城镇化建设模式;新型城镇化的关键是城乡协调发展,即如何实现城市和乡村的同步发展,如何实现城乡文明成果的互惠互利。小城镇作为城乡接合部的地带,成为首要关注的对象和实施战略的试验田。

小城镇的改革牵扯到小城镇居民、小城镇原有业态、小城镇原有空间布局等方方面面的工作,改革过程中遇到问题的复杂性和改革的难度超乎想象。在城乡接合部建设特色小镇成为部分地方政府探索新型城镇化建设的新路径。浙江省是最早提出特色小镇建设理念并付诸实践且取得显著效果的省份。浙江省特色小镇是建立在非城非区的城乡接合部,完全按照新型城镇化建设的要求进行规划建设,实现了“生产、生活、生态”环境的融合发展,并将其作为一个样板来指引未来建设。

2015 年底，习近平总书记对特色小镇建设给予了高度重视与肯定。2016 年国家有关部门连发三个文件来推动特色小（城）镇的建设。2016 年 2 月，国务院印发《关于深入推进新型城镇化建设的若干意见》（国发〔2016〕8 号），推动中小城镇建设；7 月，住房和城乡建设部、国家发展和改革委员会、财政部联合发布了《关于开展特色小镇培育工作的通知》（建村〔2016〕147 号），提出到 2020 年将培育 1 000 个左右各具特色、富有活力的特色小镇；10 月，国家发展和改革委员会在《关于加快美丽特色小（城）镇建设的指导意见》中，明确提出了特色小（城）镇包括特色小镇和特色小城镇两种形态，特色小镇和特色小城镇相得益彰、互为支撑。特色小镇和特色小城镇建设被提到同等重要的位置。自此，全国各地纷纷开始探索特色小镇建设。

2020 年，国家提出国内国际双循环新发展格局。新发展格局是为促进区域、城乡进一步统筹发展，落实新型城镇化和乡村振兴战略，有效促进城乡循环联动，实现城乡各要素双向流动、经济协作、文化交流、城乡互补、全面融合。特色小镇在中国新型城镇化建设、区域经济发展、城乡联动发展中扮演的角色被凸显出来。

体育事业的快速发展成为新型城镇化建设的需求。体育小镇作为特色小镇建设的“特色”选择，在全国特色小镇大力发展的利好政策下，逐渐成为特色小镇的一类构成形式。加上国家体育总局的推动，尤其是《关于推动运动休闲特色小镇建设工作的通知》（以下简称《通知》）的发布，为体育小镇的建设注入了强心剂，体育小镇的发展进入以跨界、合作、创新、融合、规范为主调的机遇期。

二、体育产业与特色小镇融合发展的历史机遇

2014 年，国务院《关于加快发展体育产业促进体育消费的若干意见》（国发〔2014〕46 号）给体育产业的发展提供了机会，也对其提出了新的要求，从此开启了我国体育事业发展的新征程。“体育公园式”的全民健身策略，“体育培训基地式”的竞技体育发展策略，“体育产业园区式”的体育产业发展策略，已经无法满足体育事业高质量发展的要求，体育小镇作为综合型的发展平台应运而生。浙江、江苏等地开始探索体育小镇的建设，由于我国体育产业的基础薄弱，前期体育小镇的发展缓慢。

我国体育事业的发展经历了竞技体育独占鳌头，竞技体育与全民健身同步发展，再到如今的竞技体育、全民健身和体育产业齐头并进的局面，说明了体育事业的功能由提高人民身体素质转向促进人的全面发展、促进经济社会的发

展,成为展示国家文化软实力的重要平台。随后国家层面颁布了《体育发展“十三五”规划》《“健康中国2030”规划纲要》《关于加快发展健身休闲产业的指导意见》《体育产业发展“十三五”规划》《全民健身计划(2016—2020年)》《竞技体育“十三五”规划》《关于大力发展体育旅游的指导意见》《体育强国建设纲要》等指导性文件多达30项。2021年7月,国务院针对全民健身问题,提出健康中国和体育强国建设,改变之前不平衡、公共服务供给不充分等问题,深入进行健康中国战略与全民健身建设战略,加强体育强国建设,建立较高层次的全民健身公共服务体系。到2025年,带动全国体育产业总规模达到5万亿元。这一利好政策为体育小镇的建设提供了更大的动力源。

体育事业的发展势头强劲,发展潜力大,发展空间广阔,体育产业必将迎来多元化的发展形势。当体育产业的发展遇到特色小镇建设的政策,体育小镇建设成为必然的趋势。

三、体育小镇起步快、发展迅速

我国体育小镇建设在一系列政策的合力推动下,呈现出起步快、发展迅速的特点。国内体育小镇的建设从2015年开始,最早始于安徽省合肥市包河区大圩镇。江苏省是第一个由省体育局提出建设体育健康小镇并颁布相应政策文件,且将体育健康小镇作为体育产业创新发展平台的省份。浙江省最早提出特色小镇建设,从建设的小镇名单中可知,小镇主打体育特色的有6家。2017年中期,国家体育总局发布了与运动有关的小镇名单,共有96个。截至2020年底,从国家到各省市共设立了300多个体育小镇试点项目。

四、研究问题缘起

体育小镇具有健康理念,能促进当地经济发展,同时体育小镇建设也是我国体育产业提档升级的重要抓手。纵观国内外特色小(城)镇的建设实践,体育小镇对人才集聚、城市复兴、产业结构调整、经济建设、体育消费市场的形成、居民幸福指数等方面的影响越来越大,以体育为特色的小镇越来越受到人们的欢迎。在美国,关于体育之城的竞争激烈;在欧盟,各国更加重视体育之城的建设。1999年成立的欧洲体育城市联合会得到了联合国教育、科学及文化组织,国际奥林匹克委员会,欧盟文化委员会和各国际单项体育联合会的大力支持,在欧洲乃至全世界共评估了271个体育城市和体育小镇。欧盟委员会在《体育白皮书》中写道:“委员会还将致力于提高欧洲在体育赛事中的知名度,委员会支持欧洲体育城市和体育小镇的进一步实施全面建设。”

从2016年开始，编者跟踪调研了部分国家级、省级立项的体育小镇，体育小镇的建设由迅速启动申报、如火如荼地开展，到如今形成三个“三分之一”的格局：三分之一的国家级小镇被警告、被取消认定；三分之一的小镇“有市无体”，无奈转变发展方向；还有三分之一的体育小镇经过打造逐步形成特色，但因遇到了种种不可预测的情况，诸如疫情、资金断链以及政策支持不具连续性等，亟待各方援助，等待柳暗花明。

2017年，国家体育总局公布的第一批96个运动休闲小镇，通过验收的仅62个，各地对于体育小镇的建设进程非增反减。

在经济转型、高质量发展的新时代，体育小镇该何去何从，面临新环境该如何建设具有中国特色的体育小镇，成为本书研究的重点内容。

第二节　兴起缘由："特色小镇"建设实践的探索

在特色小镇建设中，其中一个引人注目的类型便是体育小镇。体育小镇是部分地区选择“体育产业”作为支柱产业并带动就业，驱动经济进步，改善区域内人民生活状况而出现的新型小镇。

特色小镇就其字面意思而言，需要体现出“特色”这两个字，这意味着在该区域范围内，它应该有别于其他小镇，是独具一格的小镇。“特色”的形成主要有两种路径：一种是在“一般”的基础上经过长年积累逐渐发展成为“特色”，该模式是国外同类型小镇形成的主要路径；另一种是没有经历“一般”的过程，直接以注入式打造出的“特色”，该模式在新时期我国特色小镇建设中运用较多。究其原因有三：一是我国城镇化速度快；二是农村现代化进程慢；三是浙江省因地制宜的特色小镇的成功经验，即“在非城非区的地方另建特色小镇”。乌镇就是一个极富江南文化特色的古镇，小镇建设中保留了江南水网环境特色，有目的地引入戏剧节、艺术绘画展，实现在地化转化，从此打造出“三生”（生产、生活、生态）文化空间，美誉全球。

我国有着悠久的农耕文明，在广袤的土地上蕴含着大量的历史文化资源，闪烁着丰富多彩的地域和民族特色。每个镇都有其独特的历史故事、文化、精神，也就是说，小镇更容易体现其传统文化和区域特色。根据历史特点，传承历史文化、彰显民族特色、体现区域特色，是建设特色小镇之要。建设好特色小镇，可以使我们的国家更好地体现地域特色和民族特色。因此，本书从我国农村发展和城镇化发展两条脉络分析“特色小镇”的产生过程，更有助于阐释“特色小镇”在当代的意义。

一、历史传承与农村市场经济演进的结果

特色小镇并非当代独创，在古代已然存在。像乌镇、周庄等，便是特色小镇的代表。历史上的小镇个性鲜明。每一个小镇都有着自己的风情，其依靠着世代的发展与维持，依靠着自然的演变，形成了各自的气质。

“现有特色小镇的概念是4.0版的小镇加上新经济体，同时抛开了建制镇。特色小镇是1.0版的‘一村一品’，2.0版乡镇企业、家庭作坊，3.0版旅游小镇建设的升级版，是自下而上、由市场之手起主导作用产生的，并非政府规划出来的。”在浙江工做了18年的住房和城乡建设部原副部长仇保兴认为：“特色小镇”的出现，是我国部分村庄三十几年市场经济发展的结果，是当地农民、当地民营资本家、政府干部共同努力的结果。如浙江的横店镇、贵州的青岩古镇、江苏的溱潼镇等。

改革开放以后，市场化、工业化开始向农村渗透。各地开展“一村一品”，鼓励乡镇企业、家庭作坊等发展，对乡村市场经济的引导和培育，促使部分交通环境便利的、自然资源丰富的乡村发展为建制镇或集镇。无论如何，历史是一面镜子，可以为今天提供经验，告诉我们特色小镇建设更容易体现民族特色和区域特点。

二、我国城市化发展到一定阶段的选择

美国地理学家波恩认为，城市化建设至一定时期后，随着人口、交通与环境等冲突的加剧，城市的“生产、生活、生态”出现不和谐。从国外的经验来看，当城市化率达到50%以上就会出现逆城市化。逆城市化为乡村都市化、中小城镇的发展和特色小镇的发展创造了新的条件、机遇和动力。2016年，我国城镇化率达到了56.7%，特色小镇的建设开始提上日程。

国内“小城镇”概念的提出，最早可以追溯到20世纪80年代。在城市规划会议中，政府考虑到发展的现实，主张针对大城市规模采取一定的控制举措，对于中等城市采取合理的引导，要求全面发展小城市。社会学家费孝通通过对江村经济和江苏小镇的考察，于1983年提出“解决中国城市问题，发展小城镇”的论断。Tan于1986年提出，“对提高中国的城市化水平和实现政府的其他目标来说，复苏中的小镇是一辆快速汽车”。

从发展小城镇到重点镇，再到特色小镇，反映了我国小城镇在不同发展阶段对城镇化不同的历史诉求和任务。当下的特色小镇概念，其与当下的城镇化发展现实存在着不可切割的联系，与时代特征相关。特色小镇的建设是“城市

修补、生态修复、产业修复”理念下的一种实践探索，在我国城市化进程中具有重要战略作用。

在特色小镇的建设浪潮中，部分地方政府和投资商开始将“体育元素”注入特色小镇建设中，将“体育元素”定义为小镇特色，并引入力量积极打造。

2015 年，安徽省合肥市包河区大圩镇便选择借助马拉松赛事这种难得的机会，打造了国内首个体育特色小镇。浙江省温州市文成县将西坑镇定位为“滑雪小镇”。2016 年，江苏省对于体育特色小镇建设也出台了相应的文件。到 2020 年，江苏省已经公布了三批体育小镇名单，共计 20 个。

体育小镇是一个“新事物”，离不开国家相关部门和地方政府的积极推动。2017 年，国家体育总局专门发布了相应的文件，提出在实施小镇建设上，把“运动休闲”作为主打核心，并据此确定小镇发展的思想、原则，建设需要完成的任务等。经过对国内的一些重要小镇的调查分析和评审，设立培育名单，合计 96 个。同年 9 月，国家旅游局、国家发展和改革委员会与国家体育总局联合，对京津冀地区的休闲运动做出了规划。与此同时，各省也纷纷推出促进体育小镇建设的文件。例如，浙江省公布了第一批省级体育小镇培育名单，总计 7 个，设置了发展目标，要求截至 2025 年，省级运动休闲小镇的数量达到 20 个。安徽省体育局发布了《关于推进体育特色小镇建设的指导意见》，公布了第一批 15 个体育小镇名单。

据不完全统计，截止到 2020 年 8 月，国内在建体育小镇已经达到 304 个，预计 2025 年将有 500 个体育小镇建成，足见其发展势头。

第三节　动力来源：体育事业的发展受到前所未有的重视

人民是建设体育强国、实现体育强国梦的主体，人民的健康是体育事业发展的基础，也是其发展的目标。人们对体育锻炼的需求与有效供给之间的不平衡成为新时期体育事业发展要着重解决的问题。

2017 年 8 月 27 日，习近平总书记在会见全国体育先进单位和先进个人代表等时强调，体育承载着国家强盛、民族振兴的梦想。体育强则中国强，国运兴则体育兴。要把发展体育工作摆上重要日程，精心谋划，狠抓落实，不断开创我国体育事业发展新局面，加快把我国建设成为体育强国。

一、全民健身上升为国家战略

习近平总书记十分重视体育事业，2013年，他明确指出，体育在提高人民身体素质和健康水平、促进人的全面发展，丰富人民精神文化生活、推动经济社会发展，激励全国各族人民弘扬追求卓越、突破自我的精神方面，都有着不可替代的重要作用。全民健身是全体人民增强体魄、健康生活的基础和保障，人民身体健康是全面建成小康社会的重要内涵，是每一个人成长和实现幸福生活的重要基础。

2014年，国发〔2014〕46号文件《关于加快发展体育产业促进体育消费的若干意见》发布，提出将全民健身上升为国家战略。自此，我国体育事业迎来产业发展、全民健身以及竞技体育齐头并进的新局面。

2017年4月，时任国家体育总局副局长赵勇在落实全民健身国家战略新闻通气会上表示，国家体育总局将推出建设100个运动休闲特色小镇作为一项实现全民健身的举措之一。2017年5月，国家体育总局发布了《通知》，将运动休闲小镇作为服务全民健身的综合型平台、体育产业发展的重要载体、体育助力脱贫攻坚的样板。2019年9月，国务院办公厅印发《体育强国建设纲要》（国办发〔2019〕40号）指出：要"紧密结合美丽宜居乡村、运动休闲特色小镇建设，鼓励创建休闲健身区、功能区和田园景区，探索发展乡村健身休闲产业和建设运动休闲特色乡村"，全面落实全民健身战略，助力健康中国建设。

二、体育产业成为新的经济增长点

体育产业被认为是21世纪的朝阳产业。随着国家和地方政府所给出的政策引导不断发力，加上居民对体育产品、服务的需求进一步提升，在国民经济中，体育产业的地位与作用得到肯定。

2015—2019年体育产业的年平均增长率为19.6%，远高于同期GDP增长率。2019年体育产业总体规模达到了29 483.4亿元，实现增加值11 248.1亿元，相较于2015年，总规模增幅达到73.4%，相较于2014年总规模增幅达到118.41%。我国体育产业的经济贡献还相对落后，但全国体育产业的发展呈"喷井"式态势，对城市经济的建设作用日益突出。体育产业的整体进步，是体育特色小镇的生命力，依靠产业集聚人口、发展经济，体育小镇作为体育产业的集聚区，为体育产业的发展提供了生产要素和条件。

体育赛事、体育旅游、体育制造业以及体育培训业对城镇经济建设的促进作用在国外已有成功案例。例如，温布尔登小镇因每年的温布尔登网球锦标赛(以下简称温网)给当地带来巨大的经济效益。据媒体报道,2016年,温网的收入主要来自门票、食品、周边商品、赛事转播、赞助商等,总收入达到2.03亿英镑。体育产业对其他产业的带动作用明显。据媒体报道,如果温布尔登小镇的居民在温网期间出租其房屋,获得的收入约为其一年的工资。因此,无论是体育产业的本体产业还是延伸产品,均可以对体育小镇的经济建设起到促进作用。

三、体育产业成为改善民生的重要选择

从世界范围来看,体育产业已经成为促进就业的重要领域。2012年,欧盟体育产业的就业人数达到了446万人,占总就业人数的2.12%。2016年,我国体育产业的就业人数达到了440余万人,占城镇就业总人数的1%。

体育产业还被认为是“民生产业”“幸福产业”,“体育产业的发展可以满足人由生存到发展的多元幸福诉求”。因此,体育产业的发展不仅能为小镇建设提供更多的就业机会,还能为其提供更加完善的公共服务设施,使其形成公平公正的竞争氛围,引导人们形成健康的生活方式,减小社会矛盾,改善民生。“发展体育产业的深层推动力来自全民健身消费力,体育产业和全民健身存在着同步型和互动式的耦合发展规律。”“体育小镇的独特之处在于它既能促进体育内容的融入,让体育惠及民生;又能促进产城融合,为群众增加多样化的体育设施,成为深入推进新型城镇化和城市现代化发展的新载体。”

四、体育产业成为国家软实力、城市形象的体现

各个国家都积极承办国际体育赛事,以此提升国家的形象和软实力。体育产业的主体产业是体育竞赛表演业,体育赛事的口碑和宣传对举办地的影响是其他现代宣传方式无法比拟的。在全世界范围内,体育赛事是体育小镇建设不可或缺的部分,也是体育小镇被世界所知的重要途径。体育赛事是“政府找到能与市场、社会取得集体行动的‘借口’”。因此,在体育小镇建设的过程中,举办体育赛事是不可缺少的内容。谢宏伟在其博士论文中提出“举办体育赛事,对于推动城市发展、扩大城市影响力、推动城市空间优化等层面”具有积极的影响。

体育赛事对城市不同发展阶段的影响是存在差异的,城市不同发展阶段对体育赛事的需求及影响也不同。例如,法国温布尔登小镇被世人所知,是因其命名的网球赛事;再比如瑞士达沃斯小镇,除了因为小镇内拥有世界级的滑雪场地外,还有不间断的各类体育赛事,一些冰上运动的世界级赛事多在该地举

办,如冰球、滑雪等。在我国,各体育小镇的建设主体都将举办体育赛事作为重点工作。如北京的槐房足球小镇、云南安宁网球小镇、浙江马拉松小镇等都是以举办体育赛事而出名。

小 结

体育小镇是部分地区将“体育元素”作为特色进行打造而发展起来的小镇。体育小镇建设是区域“特色小镇”实践探索的结果。其主要的动力来源是将全民健身上升为国家战略,体育产业成为新的经济增长点,体育产业成为助力脱贫、改善民生的重要手段,也是承继传统体育文化的路径。从更深层次上看,体育事业的发展受到各级政府的重视,受到大众的广泛欢迎。体育产业是展示国家软实力、国家形象的重要平台。体育事业的发展受到前所未有的关注,体育小镇作为全面健身战略实施的重要举措,体育产业创新发展的平台,体育扶贫、惠及民生的重要载体应运而生。

第二章　体育小镇的内涵与价值

第一节　体育小镇的内涵

一、体育小镇概念的界定

体育小镇作为21世纪的新兴词汇，尚未有明确的统一概念。在已发表的论文中，其有着不同的称呼，如体育小镇、体育健康特色小镇、运动休闲小镇等。在国家体育总局的相关文件中，选择的叫法是“运动休闲特色小镇”，并针对该概念做了进一步的界定，具体是：集成了旅游、教育培训、健康、文化、运动休闲等为一体，以运动休闲为关键内涵的一类平台或区域基地。

2016年9月，江苏省体育局针对特色小镇问题，发布了苏体经〔2016〕92号文件，提出“体育健康特色小镇”，并将其阐述为：以体育健康为核心主题的，融合了休闲、养老、文化、旅游、体育等因素的空间区域。很显然，这些都是以体育产业为支撑的，以发挥体育产业对其他产业的辐射作用，促进产业间融合发展为手段，以体育休闲消费人群及就业人口的集聚为目的，以配套设施及全面服务为依托，以提高小镇居民获得感和幸福指数为落脚点的产城融合式开发模式。虽然关于体育小镇的概念尚未形成统一的观点，但“体育小镇是特色小(城)镇的一种”的观点得到了普遍的认可。“特色小镇是在几平方千米土地上集聚特色产业，生产、生活、生态空间相融合，与建制镇、产业园区表征出鲜明差异。这一城镇是拥有几十平方千米以上土地和一定人口经济规模、特色产业鲜明的行政建制镇。”

综上所述，本书将体育小镇的概念按狭义和广义进行分类。狭义的体育小镇是指，在几平方千米土地上集聚与体育相关的产业，或以体育产业为龙头或支柱，带动其他产业的发展，实现“三生”彼此相融，打造一个更出色的发展空间。基于广义思维来看，体育小镇的内容包含了以体育小镇为主题的所有特色小镇，不拘泥于地域空间的限制，可以是建制镇也可以是非城非区的创业空间，是指以“体育(群众体育、竞技体育或体育产业)＋N”为特色，以体育促进生态、生产、生活空间的优化为基础，以拉动体育消费、培养体育意识为目的，以提高小镇居民获得感和幸福指数为落脚点的新型小城镇。

二、体育小镇的特征

体育小镇的特征主要有四点：第一，以政府为主导，以改革激发发展潜力。我国城市体育服务的提供能力比较弱，较难达到城镇居民逐渐提高的体育需求，这需要通过强化政府体育服务主导地位，通过改革释放体育城镇化发展潜力。第二，以小城镇体育或小城镇群众体育建设为立足点，推动城乡协调发展。推动体育特色小镇的建设与发展，一个关键点便在于，让公共体育服务逐渐在乡镇实现“均等化”，面向中西部欠发达区域，给予“公共体育服务供应”上的强化。为此，我国体育特色小镇建设更加有利于区域协调发展，而且体育活动融入农民的生活要靠小镇实现，体育小镇将发挥推动城乡体育一体化发展的功能。第三，以体育特殊产业为立足点，加快转变城镇体育发展方式。按照产业发展可能性与基础能力，给予小镇科学而理性的规划，有序落实，逐渐打造成具备影响力的创新平台。第四，以人为立足点，推进健康城镇规划。坚持做好以人民为核心，将体育与人民的健康生活紧密地联系在一起，切实推动与完善体育特色小镇的建设，让人们的健康水平不断得以强化，并发挥出体育推动社会、文化与经济的综合作用。

城镇建设本质是构建适合本地区居民生活的环境，以人的城镇化为核心，体育是现代人美好生活的重要组成部分，将体育元素融入城镇化建设中，这本身就体现了“以人为本”。除了以上共同的特性外，不同类型的体育小镇的特征也有所不同。

三、体育小镇的类型

不同类型的体育小镇在产业选择和发展模式上会有所不同，因此，在对体育小镇的建设路径的研究中，对体育小镇进行分类成了首要解决的问题。

不同学者从不同视角对体育小镇进行分类，主要有四种分类方式：一是按照体育小镇建设作用和意义进行分类，可以将其设定为两类，即体育发展型、体育产业主导型；二是从定位的层面，可以将其设定为四类，即产业型、赛事型、休闲型和康体型；三是按照投资主体进行分类，主要分为政府主导型、社会资本主导型和共建型；四是从空间分布的视角，将特色小镇分为城中小镇、郊区小镇和乡镇小镇。目前，采用较多的分类方式是第二种，多数学者认为不同产业类型的小镇的建设模式不同。

产业型体育特色小镇的核心具体表现为体育类产业，包含了研发与制造，不仅可以与互联网相关产业对接、融合，还可以打通上下游的体育产业链条，发挥影响力，推动产业向小镇区域集聚。这种特色小镇往往在定位上，将体育类产品研发作为关键，配以相应的辅助支持，如江苏淮安智教体育健康小镇、浙江莱茵浦阳律动小镇等。

赛事型体育特色小镇是指以主办或承办大型体育赛事为核心，围绕赛事 IP 营销及观赛人群服务展开，以赛事可持续发展及赛事项目衍生的体育旅游为支撑而逐步形成的特色小镇。如云南打造的网球小镇等。

休闲型体育特色小镇往往以生态环境或特色的地理环境（特殊地形地貌、气候、天然雪场等）等为前提，以大众参与度高、体验性强、运动强度相对较低的体育项目（户外运动、水上运动、冰雪运动）为主体，并发展配套服务业，面向大众消费所形成的体育特色小镇。休闲型体育特色小镇依托具有特色的地理环境与旅游业而打造。一般以景区特色资源作为核心竞争力，在此基础之上开发大众参与度高、运动强度适中的运动体验类项目，并与各年龄段人群进行对应匹配，建立体育休闲、旅游、度假项目集聚区，实现体育旅游一体化进程。同时，对配套设施如交通、酒店、娱乐设施提出了较高的要求。在选址的时候要分析特色小镇的覆盖范围，位于交通便利或大型旅游景区周围的小镇是良好的选择。如江苏贾汪时尚体育小镇、西藏林芝运动休闲小镇、青海共和县运动休闲小镇等。

康体型体育特色小镇一般具备美好的自然环境，将体育康健作为一个鲜明亮点，其往往有着医疗、生命学科、运动康复等方面的支撑，在专业的帮助与指导之下，可以让运动人员更好地实现康复，可以让群众来此度假养生，使小镇更具特色。对于康体型体育特色小镇而言，其往往会选择将自然资源作为开发的重点，如推出天然氧吧，主打身心放松、康复理疗等招牌，推广按摩、普拉提等项目，将休闲养生、运动康复等作为目的，不断挖掘潜在的项目，降低参与运动的难度，保障项目的安全。另外，康体型体育特色小镇可以面向专业运动员、老年人、高端人士等开展康复、休闲与度假服务，采取高水平的专业化指导，切实彰显人文关怀，重视心理辅导，让前来的人享受健康的生活方式。如烟台南山运动休闲小镇、四川德阳市罗江县白马关运动休闲特色小镇等。

本书认为，无论体育小镇以何种主题进行命名，成熟的体育小镇均是兼具产业、居住、形态等多种功能而成的复合型小镇。随着投资主体多元化，体育小镇均是融合了体育赛事、休闲旅游、康体健身为一体的综合型运动休闲小镇。

实地调研国家体育总局命名的体育小镇发现，体育小镇的发展受到多种资源要素数量和结构组合的综合影响。本书依据体育小镇建设必要的因素来分析,将其划定为两个类型,一个是内生型,另一个则是外培型。内生型体育小镇主要依据本土的资源,整合体育、文化、产业与自然等元素,利用这些积淀逐步发展起来。外培型的主要运动项目靠投资企业引进、打造。内生型和外培型体育小镇对投资主体、企业的社会责任、政府的支持形式等要求不同,了解这些不同的要求有助于把握体育小镇的培育方向和发展规律。

1. 内生型体育小镇

内生型体育小镇在体育文化氛围、体育旅游资源、传统体育文化、群众的体育意识、体育消费群体等方面具有优势。依据发展资源的类型,内生型体育小镇可以分为承继型(传统体育文化主导性体育小镇)、根植型(以本土的旅游资源、产业资源、自然资源、体育名人等资源为主导+体育)两种类型。

承继型体育小镇主要是指小镇具有传统体育文化历史,体育小镇建设以传承传统体育文化为主要目标,将传统体育文化的保护、创新发展、现代化转型等作为主要建设内容。例如,陈家沟太极小镇、万宁和乐龙舟小镇、宝鸡市金台功夫小镇、梅州足球小镇等都属于典型的承继型体育小镇。龙舟竞渡是中华传统体育项目,在每年的端午节,人们都会见到各地举办龙舟赛事的报道。和乐镇自宋朝开始,每年的端午节都自发地举办龙舟赛事。2012 年中华龙舟大赛在和乐镇举办,该镇也因此被中华龙舟协会授予"中国龙舟小镇"的美称。

根植型体育小镇主要是指小镇的旅游资源、文化资源、产业基础相对较好,随着政策的发布,体育产业的发展受到重视,各地积极引入体育赛事、体育体验项目等。俗话说"世界上不可能有无源之水,无本之木",体育产业的发展要根植于特色小镇的资源,才能取得长足的发展。

小镇的资源禀赋决定了特色小镇的体育产业定位。有学者认为,天然资源、人力资源、基础设施、知识资源、资本资源等生产要素对产业的影响往往随着产业的性质不同而相异。体育产业主要包括体育旅游产业、体育制造业、体育服务业、体育健身业、体育培训业等。不同类型的体育产业对生产要素的需求不同。以体育旅游产业为主体的体育小镇较为依赖天然资源,天然的环境与资源是其发展的根本所在。如新西兰皇后小镇,其体育旅游的发展依赖当地的地域资源特色。体育旅游小镇是典型的根植型体育小镇。这类小镇拥有 3A 及以上的旅游景区,相应的配套设置也较齐全,但体育元素融入程度不一致,体育产业和其他产业的融合程度是该类小镇首要关注的问题。

以电竞产业为主的小镇依赖知识资源、资本资源和人力资源,例如杭州电竞数娱小镇和江苏太仓天镜湖电子竞技小镇等;以体育制造业为主的小镇依赖人力资源,如淮安施河体育健康小镇。当地特殊的资源禀赋,是体育产业的孵化器,为特色体育产业的形成和集聚提供了条件。

2. 外培型体育小镇

国内特色小镇的建设模式不同于国外特色小镇。国外特色小镇是在历史变迁中逐步自然形成的,小镇体育具有浓郁的地域体育特色,而国内小镇的体育特色是“引进或外培”的居多。

外培型的小镇以体育消费市场、全民健身、体育产业发展的需求为主,以外部投资为驱动,以大型企业与知名的体育赛事为引领,集聚相关产业,成为在某一个体育项目上具有竞争优势的专业化生产和服务地区。例如,云南安宁的网球小镇、北京丰台区足球小镇、江苏太仓电竞小镇等。

安宁的网球小镇是典型的外培型体育小镇。安宁曾是有名的“盐铁名城”,在新中国建设初期,安宁这个县级市便成为云南省十分重要的存在,其集磷化、盐化、钢铁与石化产业为一体。面临新时期的产业转型,安宁市集中力量招商引资。香港凯莱酒店集团在安宁温泉镇投资建设凯莱温泉酒店,配备建有全国极大的红土地网球场地,承办国内外大型的网球赛事,引入网球培训基地,因而成为全国有名的网球运动小镇。

第二节　体育小镇建设的价值

体育小镇建设的现实价值与意义必须得到理性认识。体育小镇的建设为各地体育事业的发展提供了空间和平台。

一、体育小镇建设对全民健身战略的价值

国内关于“全民健身”问题的探索已有多年,早在 1995 年,我国便开展了相应规划,投入了一定的人力、物力和财力,为全民健身提供服务,但取得的效果并不理想。2014 年,国家将全民健身放在了一个战略高度来抓,此时的全民健身工程已不再局限于器材布置、规划场地、举办赛事上,而是要全面地提高全民的体育素养和身体素质。

体育小镇最初被提出是为全民健身服务。《通知》要求每个小镇要含有 30 个以上的体育项目,满足不同人群的运动爱好,将体育小镇作为综合性的服务场所进行建设。每一个体育小镇都要求上报顶层设计,对项目的布局、产业的规划做统筹安排,可以很好地落实全民健身。到 2021 年,国务院针对全民健身问题印发了专门的通知文件,即国发〔2021〕11 号文件,针对全民健身相关事项

给予了充分指导与安排,要求体育产业高质量发展。全民健身工程也进入了从宣传引导到指导参与的阶段,体育小镇建设运用了大量体育文化符号、体育项目标志、体育健身知识的宣传展示墙等“隐形”手段以传输体育文化,在健身场所播放健身指导视频、赛事视频,组织专门的培训,安排专人定期指导等活动,促进全民健身工程的高质量发展。

对于全民健身产业链而言,体育小镇有助于链条强化与升级。体育小镇的发展丰富了全民健身的产品,强化了人们的健身体验。这些小镇的建设为人们运动休闲提供了条件,使人们不再局限于家门口的运动健身,而是可以体验更多新奇、刺激、高科技的体育产品和项目,了解更多的体育知识。如浙江建德打造出的航空小镇,不仅拥有高空跳伞、热气球、低空游览等项目,还建有航空运动研学项目,游客可以身着机长制服,在科普中心驾驶有“飞行员的奶妈”之称的初级教练机,学习飞行原理,模拟驾驶飞机冲上云霄,全方位体验航空科技带来的“专业与新奇”。

2021 年 1—6 月,我国旅游业逐渐恢复活力,运动休闲游受到游客的青睐。清明三天假期,浙江千岛湖风景区接待游客 7.43 万人次。绿道骑行、卡丁车、沪马探险、飞拉达等项目的游客络绎不绝。其中,燃擎卡丁车项目接待 4 500 人次,实现营业收入 25 万元。海南蜈支洲岛也迎来客流高峰,日接待游客超过 1 万人次。海豚潜艇、海上飞轮、摩托艇、水上飞人、海钓、彩虹拖伞、尾波冲浪等都是热门项目。

体育小镇建设推动全民健身工程由“布点”到“布局”发展,由“横向”宣传到“纵深”渗透转变,推动全民健身全产业链条升级。体育小镇建设为体育产业的供给侧结构性改革、高质量发展、体育消费市场培育、创新创业等提供了较好的平台;体育小镇作为集产业小康建设、生态小康建设、教育小康建设、健康小康建设、文化小康建设于一体的综合体,是体育强国战略背景下体育小康建设实施的综合性平台,是输血式小康建设和造血式小康建设综合实现的最佳场域。体育小镇建设为传统体育提供了不脱离原有“生存环境”和“生活主体”的发展机会,实现了传统体育文化的活态传承。

二、体育小镇建设对体育产业发展的价值

新时期,“我国城乡居民在消费观念、结构上发生了转变,不再仅重视生存型消费,还逐渐转向了发展型消费,在物质消费的同时,更注重精神消费。一些消费也不再是跟风式的简单型消费,而是成为多样化、个性化的消费。对于旅游、健康、养老、文化等方面的消费,市场逐渐热了起来”。

体育小镇建设为体育产业的发展提供了政策、资源、资金以及人力等全方位的支持，是体育产业高质量发展的平台。国务院在国发办〔2019〕43号文件中指出，运动休闲小镇是体育服务综合体，需要率先打造一批出色的、具备标杆地位的运动休闲小镇，发挥其示范引领作用。体育小镇建设为体育产业的创新发展、绿色发展、共享发展提供了新平台。体育小镇的创新创业成本低、进入门槛低、各项束缚少、生态环境好，有利于构建具有活力的创新创业生态圈，集聚创业者。

三、体育小镇建设对脱贫攻坚的价值

体育小镇并非简单的小镇建设，还与扶贫工作相关，该工程存在着综合性，需要在"区域精准扶贫中具有独特的价值"，"对政府扶贫工作有很大的作用"。体育小镇扶贫是体育强国战略背景下体育扶贫实施的综合性平台，其不仅是输血式扶贫方式，还是造血式扶贫方式。

国家体育总局自1994年起与山西省繁峙县联合，2002年与代县合作，将体育扶贫作为基本思路，切实推动了体育特色扶贫工作的进步。2018年，国家体育总局在国务院的支持下，针对体育扶贫工作问题做了分析，针对脱贫攻坚问题，指出需要切实发挥体育扶贫的作用，并将其纳入脱贫的重要一环。

四、体育小镇建设对传统体育文化的价值

在世界经济与文化多样化发展的现实背景之下，民族传统文化能不能适应新时代，已经成为一项重要研究内容。传统文化与现代文化的冲突中，民族传统体育文化冲突也是其中一项内容。

随着对非物质文化遗产保护的力度不断加大，民族传统体育迎来了不可多得的机遇。在参与联合国教科文组织非遗保护工作的140多个国家中，中国以最大的热情、最大的努力践行了《保护非物质文化遗产公约》。自2003年，在全国范围内开展非遗工程，经过近二十年的发展，县、市、省、国四级的保护机制逐渐完善，取得了丰硕的成果。如今，我国已成为世界范围内非物质文化遗产数量最多的国家之一，为中国在该领域赢得了较高的话语权，提升了国家形象。然而，随着西方体育文化霸权的入侵，加之"体育非物质文化遗产项目具有无形、易逝和口传心授等特点，我国体育非物质文化遗产项目面临着加速消亡的严峻形势"。在对江苏省14个体育非物质文化遗产项目的实地考察之后发现，几乎所有的项目都面临着"后继无人""场地、器材不足""资金不足"等问题。

传统体育起源于民间、根植于民间，服务于民众的生活，只有将其"还给"民

众，才能得到真正的传承，也才可以在时代浪潮中存在下去。而体育小镇的发展，便为这些非遗项目带来了“生存空间”与新的“发展机遇”，为传统体育文化的创新转化提供了平台。

特色小镇建设的目的是提高人们的生活质量，在这个新社区中，文化的建设才是小镇的灵魂和特色。而文化的培育过程即对传统文化传承和创新的过程，小镇原有的人文环境是小镇的命脉。比如周庄、同里、乌镇等，都是文化、民俗积淀了几百年甚至上千年的小镇。

在体育小镇的实施过程中，传统体育文化是体育小镇的重心、根源、灵魂，也是体育小镇区别于其他类型的体育小镇的显性特征。从旅游产业、体育产业到特色小（城）镇，从中央到省级（直辖市、自治区），再到地级市，关于传统文化保护的政策一脉相承，尤其是特色小镇建设的政策均提出要传承地域传统文化、培育小镇特色（表2－1）。

表2－1　关于特色小镇传承传统文化的政策一览表（截至2017年7月）

序号	政策名称	发布时间及部门	相关的表述
1	体育发展“十三五”规划	2016年5月5日 国家体育总局	1. 扶持推广武术、太极拳、健身气功等民族民俗民间的运动项目 2. 结合国家文化推进策略，传承与普及优秀中华民族传统体育项目，保护与研发体育非物质文化遗产，以体育为载体论述中国梦，推进中华体育文化引领世界
2	全民健身计划（2016—2020年）	2016年6月27日 国务院	1. 弘扬中华体育精神和奥林匹克精神，传承传统体育文化与精神 2. 对于健身气功、太极拳、武术等民间艺术，需要给予扶持与推广
3	关于开展特色小镇培育工作的通知	2016年7月1日 住房和城乡建设部、国家发展和改革委员会、财政部	1. 在第二条基本原则中提出，传承传统文化，突出特色 2. 在目标中提出，特色小镇应彰显美丽宜居，体现传统文化 3. 建筑构造与建设，应表征出区域特色，表现出传统文化。针对区域文化，做好深度的挖掘、记录与创新，让其得到更好的发挥

表 2－1(续)

序号	政策名称	发布时间及部门	相关的表述
4	关于加快美丽特色小(城)镇建设的指导意见	2016 年 10 月 8 日 国家发展和改革委员会	1. 要通过规划引导、市场运作,发展民俗文化传承的专业特色镇 2. 强化历史文化名城的建设,尤其是一些民族风情小镇、文化街道、具备较高文化价值的小镇等,需给予充分的保护,保留好原来风貌,在建设中,凸显文化风貌、历史特色
5	关于加快发展健身休闲产业的指导意见	2016 年 10 月 25 日 国务院	1. 将民间健身项目纳入休闲项目之中,如舞龙舞狮、武术等;强化非遗保护,做好深度挖掘与开发 2. 针对民族传统体育资源,需要安排专人深挖,建设各具特色的健身休闲汇集区
6	“健康中国2030”规划纲要	2016 年 10 月 25 日 中共中央、国务院	1. 扶持推广太极拳、健身气功等民族民俗民间传统运动项目 2. 进行中医药传承创新项目
7	关于大力发展体育旅游的指导意见	2016 年 12 月 22 日 国家旅游局、 国家体育总局	1. 在体育活动上,应突出民族特色,突出地域特色,分批面向社会,发布体育旅游节庆的相应小镇与主打特色 2. 支持有民族品牌的体育旅游企业和知名品牌建设
8	关于推动运动休闲特色小镇建设工作的通知	2017 年 5 月 11 日 国家体育总局	1. 依托各地传统体育文化特色资源,形成体育产业创新平台 2. 挖掘人文资源优势,将其作为体育特色的一个内涵
9	关于保持和彰显特色小镇特色若干问题的通知	2017 年 7 月 7 日 住房和城乡建设部	1. 对于小镇当下的状况应给予保护,尊重现有生产生活方式 2. 针对小镇原有的传统文化应给予继承,而不是引入外来的非遗文化 3. 塑造小镇精神,打造文化标志,区别于其他小镇特色,彰显其差异性

由此可见，体育小镇的建设为传统体育文化的保护、传承，小镇的现代化转型以及创新发展提供了发展平台。

五、体育小镇建设对共享、绿色经济的发展的价值

将北京人均汽油耗费量与浙江最发达小镇人均汽油耗费量做对比，可以发现前者是后者的8倍左右。加上高层建筑耗能更大，而小镇往往采取的是多层与低层建筑，因此小镇环境好，空气水平也更出色。体育产业并非高耗能、高污染产业，而是绿色产业，同时对环境保护有着促进效能。小镇生活比大城市生活更绿色。此外，体育小镇的发展对于优化乡镇的公共体育资源分配状况、强化服务水平、推动全民健身等，有着积极的现实价值。体育小镇因其独有的特色，更容易凸显绿色优势。

小　　结

小镇的概念存在着狭义与广义两种。以狭义思维来看，其描述的是一定空间内，集聚形成的体育产业，或以体育产业为龙头或支柱性产业，带动其他产业的发展，实现生产、生活、生态相融合的空间区域和发展平台。以广义思维来看，其包含了一切以体育为核心内涵的特色小镇，不拘泥于地域空间的限制，可以是建制镇也可以是非城非区的创业空间，是指以“体育（群众体育、竞技体育或体育产业）+N”为特色，以体育促进生态、生产、生活空间的优化为基础，以拉动体育消费、培养体育意识为目的，以提高小镇居民获得感和幸福指数为落脚点的新型小城镇。

本书依据实地调研，根据体育小镇发展的要素需求，将体育小镇分为内生型体育小镇和外培型体育小镇。

体育小镇建设推动全民健身工程由“布点”到“布局”发展，由“横向”宣传到“纵深”渗透转变，推动全民健身全产业链条升级。体育小镇建设为体育产业的供给侧结构性改革、高质量发展、体育消费市场培育、创新创业等提供了较好的平台；体育小镇作为集产业小康建设、生态小康建设、教育小康建设、健康小康建设、文化小康建设于一体的综合体，是体育强国战略背景下体育小康建设实施的综合性平台，是输血式小康建设和造血式小康建设综合实现的最佳场域。体育小镇建设为传统体育提供了不脱离原有“生存环境”和“生活主体”的发展机会，实现了传统体育文化的活态传承。

第三章　体育小镇建设的理论支撑

第一节　城镇化建设理论

一、资源禀赋理论

资源禀赋理论的提出者为 E. Heckscher 与 B. C. Ohlin，该理论也被称为 H－O 模型。资源禀赋理论最初主要用于国际贸易，用来说明一个国家应该依据本国的劳动力、资本、土地及技术等资源拥有的情况，选择性地开展国际贸易。后来，该理论被广泛应用于区域经济、城市空间布局、产业空间布局等的研究和实践中。孟望生将资源禀赋理论应用于地方经济的高质量发展中，并得出资源禀赋对绿色发展的创新具有挤出效应，对地区新技术的引进具有增进效应的结论。资源禀赋对地区的产业定位、产业的投入等诸多方面的影响相对较大。对于资源型城市，资源禀赋越高，生产性服务业集聚越能促进产业结构的合理化和高级化；但对于非资源型城市，资源禀赋越高，越会削弱生产性服务业集聚对产业结构布局合理化的影响。伴随着国家对体育行业发展的关注，体育产业内部结构不科学、区域建设不均衡等问题逐渐凸显。学者和具体的实践操作者开始关注将资源禀赋理论应用于体育产业的发展。白琨从资源禀赋视角对体育文化产业路径提出了自己的见解。依托地区的文化资源、自然资源禀赋发展体育文化产业是体育发展的必然趋势，也是新时代所赋予的历史使命。“资源禀赋”属于一项较为独特的元素，尤其是对于经济相对落后的偏远地区，而地区的资源禀赋将是体育小镇建设成败的关键。

二、田园城市理论

城镇化进程是现代化发展的必然。19 世纪初，城镇现代化率先在英国开始，随后在西方国家普遍开展。早期开始现代化建设的国家经历了百年的发展与探索，积累了丰富的经验，城市化建设是现代化建设的结果。我国的现代化建设始于 20 世纪 60 年代，当时的人们观念滞后，大多停留在农耕文明时期。

对中国人而言，现代化是西方产业，人们对现代城镇化的认识还缺乏足够的理解，特别是对城镇的功能、本质、空间布局、公共服务及城镇规模等方面较为陌生，一直是"摸着石头过河"，在此背景下，千镇一面，简单模仿现象问题严重。为此，采取吸纳异域先进理念和模式，借鉴好的经验，避免走弯路，不失为一种良策。

霍华德是英国城市规划理论专家之一，他提出的"田园城市"模式较早地运用到现代西方城市规划中。按照其认知，城市并不是没有生命的，而是一类有机体，其内在素质直接体现城市的真正风貌，采取浓妆粉饰并没有意义。城镇需要体现出规划，体现出和谐与完整，应该像树木，在成长过程中，总需要有一个稳定的阶段，保持着统一与和谐。

刘易斯·芒福德继承了霍华德的理念，并针对"田园城市"做了进一步的完善，发展出了"生态城市"理念。按照其分析观点，伴随着城镇人口数量不断增加、先进技术不断发展，社会必要劳动的时间相应地减少，而对应的闲暇时间则会明显增多。这些现实又会推动阅读、创造、艺术等向前发展，人们会越发需要休闲的空间。基于这种判定，刘易斯·芒福德认为，城镇发展需要关注大休闲空间方面的规划与建设，如露天电影院、图书馆、学校、运动场等，以此推动社会化教育建设的整个过程。他提出城市规划应关注形式与非形式教育，新城镇是完全社区等。《马丘比丘宪章》也强调物质空间对城市的影响，它们是城市生活的一个变量。

三、区域协同理论

基于区域协同理论来做一步分析，其在应用领域上，更侧重于共生、竞争与捕食关系等层面。每一类关系都需要让对应的群体维持在一个相对的动态平衡之中，消长有一个相对合理的曲线，以适应环境。该理论指出，为了取得经济和社会利益的最大化，相邻或是相近的地区在产业选择、产业定位、社会投入、配套设施等方面的发展要考虑合作共赢。区域协同发展是新常态下我国区域经济发展的新路径。国外的经验显示，区域在发展到一定的时期之后便要实现协同进步，是解决在这一时期城市建设动力不足、人口拥挤、环境破坏等城市病的重要手段，也是实现区域均衡发展、缩小城乡差距、提高区域竞争力的主要途径。环渤海经济区、长江经济带、珠三角、长三角等都是我国采取区域协同发展的具体措施。在区域协同发展的新要求下，城镇化建设的主要功能定位、产业发展模式等都会发生变化。城镇化加速，城乡统筹的进一步推动，为小城镇发展提供了驱动力，也对其建设给出了更高要求。尤其是一些都市外围城镇，其不仅是城市外的一个发展节点，还是重要的承接点，有着极大的发展潜力。由此，需要着眼于发展现实，从区域实际与发展可能出发，做好科学规划。京津冀协同发展的规划给石家庄郊区小镇的发展带来了新的机遇、政策环境、硬件设施和发展能力。在区域协同发展中，在资源总量有限的情况下，小城镇建设要注意在产业选择上突出特色，注重发挥不同小镇个体间的协调运转导致资源配备达成整体最优化效益，形成小城镇间产业的跨区域协同发展，从而实现区域一体化发展。体育小镇作为新型的小城镇，在生态环境好、居民公共服务设施健全、生活空间质量高等方面具有优势。然而考虑到我国的体育行业依然处于发展的初期，以体育产业为核心的产业未能在这里发挥带动效应，同时产业未能实现协同建设、产业融合和关联发展程度不高、产业链和产业生态圈未能实现较好的建设等，这些问题在体育小镇建设中仍然无法避免。体育小镇建设中出现了没有体育特色、同质化严重、文化未能在这种情况下被深入探索，出现这些问题的根本原因，主要是在体育特色小镇建设之初以及建设的过程中，建设者对小镇特有资源包括产业基础、人力财力、传统体育文化资源、生态环境、业态发展等挖掘不够，不但如此，还缺乏协同，无法保证实现相互之间的共享，因此小镇的各项建设无法达到一定的要求，难以在这种情况下实现和其他产业的共同进步。体育小镇建设要充分研究区域经济环境、自然条件、人文历史等内在因素，同时运用数字化理念，积极寻求区域协同发展的新模式、新路径，才能实现体育小镇步入可持续发展的健康轨道。

四、空间生产理论

空间生产理论最早由法国马克思主义哲学家亨利·列斐伏尔（Henry Lefebvre）提出，在《空间的生产》中，列斐伏尔明确给出了这样一个观点：空间是实践导致的结果，是生产形成的现实，而城市空间，也是如此。任何类型社会的任何生产方式，都对应存在着自身的空间。这一空间融实体（空间的实践）、概念化符号系统（空间的表征）以及微观空间（空间的使用者和居民的空间体验和想象）于一体。城市构建环境的形成与结果，可以说是由资本引导、作用带来的。福柯在对空间的概念进行分析的时候，提出是“权力的逞能场所”，权力空间可以影响资本的进入和流动。简而言之，城镇化建设的本质是创造更适合，以及更加容易让人类实现生存的空间，这一社会空间的发展受到资本和权力的影响。体育小镇建设是政府职能和资本的创新，以及人民物质和精神生活等诸多方面都需要加以提升的根本体现。体育小镇资本的集中、转移等都是用来实现城镇扩大再生产的过程。体育小镇空间本身就具有一定的政治性，因此必然会受到政府部门的影响。

五、均衡增长和非均衡增长理论

当下我国社会的主要矛盾，便是人们日益增长的美好生活需要和不平衡不充分的发展之间的矛盾，而这个问题的出现，与不发达区域资源缺乏存在关系。不均衡发展理论提倡国家或政府部门应集中有效的资源，有选择地对某些部门、某些产业进行投入，促使其尽快发展，进而产生“连锁效应”。政府部门的政策支持或是企业的投资是打破原有“均衡状态”，实现增长的必要条件。美国著名的经济学家 Harvey Leibenstein 提出经济落后的原因在于落后区域生产要素、消费要素都处在一个较低的水平上，并据此设置了临界最小努力的课题，认为想要发展区域经济，就需要突破最小临界，给予一定的增长刺激。特色小镇建设是针对这一城市进行创新的重要手段，更是供给侧结构性改革的重要举措。纵观由浙江兴起的特色小镇，之所以能迅速地实现盈利，带动经济发展，得益于浙江省政府“非镇非区”的创新举措。无论是计划经济时代因行政目的而聚合的小城镇，还是因经济目的而孕育的特色小镇，都打破了地方经济原有的均衡状态。

第二节　体育产业发展理论

一、产业集群理论

产业集群理论的提出者是 Michael E. Porter，其在分析国家竞争力时提出，相关产业的企业集聚在一起产生的经济效益更大；相比较而言，地域产业集聚程度越大，竞争优势越明显。美国学者 Markusen 通过大量的实践观察，将世界范围内产业集聚的模式分为中心辐射式集群方式、马歇尔式集群方式、国家主导型集群方式和卫星式集群方式。每一种集群方式都有一定的优势和劣势，然而只要是产业集群，其在集聚力指标上便会相对突出，对区域范围内的科研资源、人才资源以及海内外的企业都会争相区域集聚。较早研究产业集群的专家王缉慈就提出“区域体育产业的发展需要采用集群的思路”。体育学界在 21 世纪初开始关注体育产业的集群发展。张沛中指出，在国内市场发展的大环境下，国际一些品牌逐渐进入，为应对这种市场威胁，推动与引导国内产业集聚，是发展的一个重大思路与路径；发挥集聚所带来的追赶、创新与知识溢出等效应，可以大大提高产业的效益和地域竞争力。杨少雄提出，在体育产业发展的起步阶段,体育产业的集群可以发挥群体经济的优势和集群发展的规模优势,促进体育产业的快速发展。刘兵分析了产业集群理论对体育产业发展的影响,得出体育产业发展中存在产业分工不明确、产业带动效益不明显、政府在产业集群中的主导作用不显著等问题。Klaus Wirehair 建议在体育产业行业构建新的旅游业集群,从而带来生产力、产业创新、企业数量三个层面的增长。在体育小镇建设之初,学者就将产业集群理论应用到体育小镇的研究之中。王龙飞提出产业集群是体育小镇体育产业建设的趋势,体育产业集聚的根本内涵,是通过空间上的整合与聚拢,从而形成一类新型的产业组织形态,从而为整个产业的发展提供了更好的驱动力与机会。体育小镇的政府在建设规划时应将产业集聚作为重要内容,对于尚未形成产业集聚的,在规划中应预先为其创造条件。

二、产业分布理论

基于产业空间布局理论来做进一步阐述,这类理论的关键在于产业组合与优化,以期让区域内产业形成最佳的发展格局。该理论包含的内容较多,如增长极、梯度推移、中心外围等理论内容。增长极理论的提出引用了物理学上的磁场分析逻辑,认为经济增长通常是从一个或数个“增长中心”逐渐向其他部门或地区传导。增长极理论可以分为产业增长极、城市增长极和经济增长极。产业增长极强调要依据地方资源,培育主推型产业,引进支柱性产业,对产业的溢出效益、扩散效益进行充分的研究,对产业布局进行前期的规划,才能形成产业增长极。体育产业布局模式决定了体育小镇的建设类型。例如,李勇运用增长极和点－轴理论,对江苏省体育小镇的开发布局提出了新的建议。

三、耦合理论

基于“耦合”来做分析,该词汇来自物理学,其内涵可描述为,存在两个或两个以上实体,彼此之间存在依赖程度。“融合”更侧重的是各方发展一起发力的结果,而“耦合”主要强调各方相互影响、共同发展的过程。关于“耦合”的研究起初主要是应用在通信工程、信息工程等工程学方面。近些年来,随着学科交叉研究的增多,耦合理论开始应用于旅游学、体育学、地质学等方面。关于“耦合”的研究主要集中在产业之间。例如,张广海通过建立耦合协调模型,对山东省 17 个市的旅游产业与城市发展水平进行了耦合度分析;翁刚民运用耦合协调度和探索性空间数据,分析了中国的 31 个省市旅游产业与当地文化产业的发展的协调度,提出了不同耦合度的发展策略。关于产业和城市建设耦合的研究,主要集中在对旅游产业、创意产业、战略新兴产业、传统产业与城市发展如何实现耦合进行分析。

发展体育产业，说到底，便是进行与体育关联的人文资源、自然资源的统筹、开发与应用。所以，推动体育产业发展的过程中，需要与其他产业耦合，这也是体育小镇建设初期的必由之路。将体育产业与旅游产业对接起来，实现彼此耦合，是发展的新思路。如今我国体育产业的发展依然在探索中，而旅游产业在这一时期则开始逐步走向成熟。因而，实现旅游产业与体育产业的耦合是体育产业快速发展的重要途径。

《体育与科学》杂志的主编程志理先生提出了“体育旅游一体化”理念。他指出：我们的消费方式，由实物型消费向体验型消费转型。体育旅游一体化不是“体育＋旅游”，体育旅游的独立性和完整性，趣味性强的运动体验竞技参与和体育观赏，构成了体育旅游一体化的身心体验。体育旅游一体化，可以从文化空间、空间经济和身体自由展现。在国家体育总局公布的第一批运动休闲小镇中，依托旅游产业和资源而创建的小镇占62%，以赛事带动发展的体育小镇占25%。“推动体育赛事的举办，有助于城市经济发展，有助于塑造城市文化，有助于赋予城市更好的影响力。”大型赛事对城市的建设有着积极的作用，加之全民健身上升为国家发展战略，可见体育的发展对城市建设、改善民生的重要性。而发展体育产业的深层推动力来自全民健身消费力，体育产业和全民健身存在着同步型和互动式的耦合发展规律。在体育产业发展的过程中，既不能无视城市的客观条件，盲目地发展体育产业，又不能在城市客观条件已经具备或比较完备的情况下，放弃这一条发展路径。在体育小镇建设期间，更会面临着“只有体育名称，没有体育实质”的问题。国家体育总局对体育小镇的建设要求是在原有建制镇的基础上发展而成，原有建制镇在镇区规划、镇区空间分布，以及镇区的功能分区等方面已经相对成熟，而原有的体育基础相对薄弱，在体育小镇建设下，促进体育产业与其他产业的融合、体育产业的集聚与小镇建设的耦合，构建“三生”融合的空间，真正为体育强国、健康中国、全民健身服务，是体育小镇建设的目标。

第三节　文化传承理论

一、文化资本

文化资本早期由法国的社会学家皮埃尔·布迪厄提出，他基于社会学的视域，将资本划分为三类，分别是文化、经济、社会资本。按照其观点，在不同场域中,资本分配本身就体现出不平衡的特性,这是客观存在的,是历史积累影响的结果,这些资本属性中,表现出排他性。如文化资本,其包含了生活方式、习俗、消费习惯、人际交往方式、思维特征等。皮埃尔·布迪厄认为可以对文化资本进一步划分,从而得到了三种形态,即制度、客观、身体形态。

文化资本的概念一经形成便成为文化社会学的重要分析概念,在区域旅游资源、文化产品消费期间反映出较大的应用性。文化资本在中国的语境下具有多种能指,尤其是用来分析区域性非物质文化遗产与研发旅游生命体方面有现实意义。

二、文化记忆

从人类文化定向的层面来把握,记忆对于可以称为宝库。记忆对于个人是一种财富,对于社会是一种资本。文化记忆作为社会记忆的下位概念,首次由著名的人类社会学家 Jan Assmann 提出。他认为“文化记忆是关于一个社会全部知识的总概念,在特定的互动框架之内,这些知识驾驭着人的行为和体验,并需要一代一代反复了解和熟练掌握它们”。文化记忆虽然固着于不可更改或不容置疑的回忆形象和储存的知识,可是每一种又把自己置于一种对这些形象和知识进行掌握、分析、保持和改造的关系之中。因此,文化记忆具有重构性。文化记忆主要有两种存在方式,隐性地存在于文字、图书、建筑等物质中,显性地存在于人们的生活与行为中。个体融入集体,需要一定的精神纽带,而这个纽带,便是文化记忆。在培育特色小镇时,可以将这种文化的凝聚力充分重视与发挥起来。

从欧洲特色小镇的建设情况来看,也存在同样的情况,其关注生态层面与文化层面的保护。在保护文化遗产和生态格局的同时,当地特色的经济、社会与文化彼此交融。特色小镇建设的根本目的就是希望改变当地民众的生活。在这种情况下,必然要求把特色小镇的生活质量进行一定程度的升级,人们来到这种城镇都会有一种新的选择。城市与乡镇的空间可以由人们任意地选择,并通过自己的意愿来体验这些不同的生活方式。

三、根植性理论

文化是体育小镇建设的基本因素之一,通过体育文化的传承创新,能够对小镇的发展铺垫认知基础、搭建情感平台和营造消费空间,从而促进体育小镇的可持续健康发展。

特色小镇的建设在全国范围内开始实施,主要是因为浙江省经历了两年的探索，并且在这一领域取得了良好的成绩。浙江省的特色小镇不是行政区规划的建制镇，也不是产业园区，正是因为其非城非区的特点，才让部分平地起高楼的特色小镇在短时间内取得了显著的成效。“非城非区”的小镇只能是城市化进程中非连续性、过渡性的政策手段，也只是实施城市化建设过程中的成果。这就类似一些学者提到的那样，浙江特色小镇的建设显然会出现一些简单模仿的迹象，并没有结合区域现实来挖掘资源优势，没有关注区域特色，缺乏对本土资源的挖掘，特色安排上不够鲜明，没有融入历史与区域文化，导致小镇缺乏味道，很难吸引人的重视。有学者提出，经济的建设以及产业的发展，都是通过一定的手段来对问题进行分析，但是这些都要为人们的生产和生活提供服务。推动特色小镇建设，需要彰显为民建设、为民发展的需要，无论是实施经济建设，还是产业转型等，最终都需要改善这些居民的生活质量。

在国内特色小镇发展热情高涨的背景下，浙江省开始注重小镇内涵建设和对本土文化的挖掘。浙江省宁波市开始探索更具差异性与特色的小镇，如非遗小镇，将非遗的创造性引入其中，让群众自豪，且经济方面获得实惠，生活质量能够有所提升。非遗小镇的发展，也是文化产业建设的一个内容，可以将这方面的产业关联在一起。

四、价值共生理念

小镇是由多个的个体组织起来的，人在组织中释放的价值以及因合作形成的组织力量会产生巨大的作用。我国自 1978 年改革开放至今，人民齐心协力，创造了人类历史上经济腾飞的奇迹。学者陈春花认为“没有强有力的组织作为人类合作的载体，人类历史上新的进步将无一实现”，“组织”对于人类进步的重要意义毋庸置疑。新时代如何提升组织自身的发展，致力于提升组织效率，实现组织目标，是组织内在需求，也是管理者关注的。对于个体来说，工作往往只是一种责任、一种职业，是为养家糊口。还有一些人认为组织是约束自己自由发展的牢笼。充斥其中的是内耗和各种抑制创造力的压力，在组织中人们无法满足自我状态，又找不到解决之道。但是，多数人希望能为追求更有意义的价值创造、更有灵魂的生命存在和更有可感知的成就而组合在一起工作。这就需要个人与组织价值合一的管理模式。《价值共生：数字化时代的组织管理》一书提出了“共生型组织”的界定。凯文·凯利将科技描述为人类进化合作者，“持续不断的技术创新帮助人们更透彻地理解世界、理解自我，从技术到人，在不确定性中寻找确定，以达到系统和谐，将混沌系统转变为一个自组织系统，这一进化过程，也正是以个体价值与组织价值释放为标志的”。由此理念指导特色小镇建设，寻求组织新价值，借助组织功能转化、结构转型、模式创新、价值引领，搭建一个让更多人释放创造力的组织，一种可持续发展和开放合作的特色小镇建设组织。

第四节　相关文献研究

一、国外体育小镇的文献研究

在 EBSCO 数据库以 sports town、sports tourism and town、smart village and sport 等为关键词检索相关的文献，发现国外学者对体育小镇的研究表现为三个方面。

一是体现在小镇与体育两者的内在关联层面。例如 C. Boan 认为亚利桑那州南部奥罗河谷镇体育旅游除了带来直接的经济效益外，给小镇带来的意外之财（带动住宿、餐饮、购物等的发展）对小镇建设尤为重要。2017 年 7 月至 2018 年 3 月，小镇与 Visit Tucson 合作，吸引了 14 场体育赛事，仅靠房间预定就带来了 2 506 615 美元的收入，对整个小镇以及所在市的影响很大。FINK 通过分析纽约布法罗（水牛城）作为一个体育小镇与当地社区球迷一起，支持当地球队和国家队，使当地足球队和冰球队的比赛门票卖出数量明显增加，进而指出，体育运动使社区更团结。Hudson 以北美、欧洲的滑雪小镇为例，认为除了冬季滑雪运动旅游外，还可以延伸出一些餐饮食宿业、文化旅游业等发展当地经济的办法，除此之外，性别对滑雪运动的影响具有显著差别。Waller 指出，密歇根州底特律作为运动之城，在北美四大体育赛事中均拥有职业球队，甚至因此得到了另一个别称，即"冰球城"。这一地区应该注重体育事业的发展与经营，体育设施和项目只是经济发展的催化剂，如把体育运动作为经济发展的主要工具需谨慎。Stephen Vogler 通过描述自己在惠斯勒小镇居住的几十年，小镇从一个仅为当地居民提供滑雪休闲运动的地方到成为世界著名的滑雪小镇的过程，探讨了山地滑雪资源对于改善当地居民的生活和建设特色小镇的重要意义。国外理论界开始对体育小镇进行了系统、深入的研究，目前已经进入较为成熟的阶段。

二是从不同的视角丰富研究理论、研究范式在当下已经处于比较成熟的时期。当下，对我国和海外国家的特色小镇的分析，主要是通过区域经济学、产业经济学、产业集聚、休闲游憩园区等理论及研究范式来对体育小镇进行系统及交叉研究。如 European Tourism Research Institute（ETRI，欧洲旅游研究所）的研究人员 Sara Nordin 在 *Tourism Clustering and Innovation* 一书中，借助对瑞典两个冰雪体育小镇的实例分析,发现产业聚集理论的内容与工具,是存在着应用价值的,尤其是体育小镇以旅游为特色,实现了竞争与创新,推动了发展,这些理论是很关键的。

三是以具体的案例研究体育小镇建设的策略。Stoddart 对数十名滑雪运动员进行采访,对影响惠斯勒小镇的体育旅游发展的因素进行了分析,认为小镇中生态环境的设计对体育旅游者猎奇和享受大自然影响很大,提出在环境的设计中,应该利用周围环境设计休闲滑雪情景。Weiermair 研究了奥地利的山地康体运动特色小镇发展案例,指出依据游客多样化的需求从而制定发展策略,能够有效促进体育小镇快速发展。Patrice Braun 认为对于体育小镇发展来说,地方网络是其发展的根本保证,地方网络、社会资本和信任对于体育小镇的竞争优势形成和保持具有重要性。Julie Jackson 和 Peter Murphy 通过对澳大利亚的体育小镇的案例研究,认为体育小镇中的企业能较好理解竞争的特性,并具有相互协作竞争的市场竞争行为。体育小镇建设中政府作用的研究较有特色。海外专家提出特色小镇涉及体育小镇从研发建设至品牌传递是长时间运营的过程,其中小镇管理方式通常是核心。Pinson 在 *The Governance of Frence Town* 中指出,特色小镇的发展与构建,一个主要的力量便来自政府。政府参与是不可缺少的,需要发挥其力量。政府在这一小镇的建设和运行中扮演了重要的角色。

二、国内有关特色小镇的研究

在特色小镇建设的初期,对小镇建设的关注点是房地产、融资等诸多方面。综合相关文献状况,可将其大致归为三类:

一是聚焦的点是特色小镇的内涵及发展路径上。主要包括四个方面:

①特色小镇基本内涵的探讨。《国家治理》周刊编辑部对我国特色小镇建设的历史进行了梳理,指出我国特色小镇建设自我国“市镇”出现以来,就围绕“特色”打造话题,以陶渊明笔下“桃花源”为案例进行了地域和产业特色分析,提出影响我国古代小镇特色建设和繁荣的因素主要有三类,分别是因政治地位而繁荣的小镇、因商贸而繁荣的小镇和因交通环境而繁荣的小镇。尹宏祯提出我国特色古镇建设成功的经验主要取决于两个方面的因素——古代文化资源和独特生态资源。他提出城镇化过程中产业选择是基础,产业链的匹配与结合,是产业集聚的现实条件。对于落后地区,想要实现更快的城镇化发展之路,文化旅游产业是一个相当出色的路径。史云贵提出“对于特色小镇而言,其内涵是动态改变的,不同阶段,其内涵也有所差异。现在的特色小镇,在内容上将

其作为一类经济形态,承担的时代任务,便是辅助城镇化"。陈立旭在探究过程中明确指出,特色小镇的发展需要重视文化因素,体现文化特色,营造创业创新的文化氛围,充分发挥文化的现实优势。②聚焦特色小镇的具体模式。仇保兴等认为一个特色小镇能成功并取得良好效果,需要发挥"组织"作用,将农民、创业者、企业家等充分动员与综合起来,并对周围形成联动力与影响力。产业多样化、集群、强连接、开放性与专业性是评判特色小镇的标准。苏海红提出PPP(公私合作伙伴关系)方式能够较好推动基础设施建设,降低资金短缺的问题,为特色小镇的运作提供可靠的机制及支撑条件。③特色小镇建设的具体思路。可以通过政府政策、管理体制机制创新、小镇产业选择、人文环境的挖掘、生态环境的保护利用、产业链的打造等方面提出小镇建设的路径。例如,王旭阳通过介绍国外特色小镇建设的经验,提出因地制宜推动产业做特做强,统筹布局促进"产城人文"融合发展,依托地域特质打造特色景观风貌,依托创新体制机制多样化制度供给等方面打造特色小镇。④研究不同类型小镇的建设现状,如对文化小镇、体育小镇、旅游小镇等建设情况的研究。谭冉提出体育小镇要开启产业投资新蓝图,让"体育+"引领体育新经济。

二是对浙江特色小镇建设实施的基本模式、情况和具体路径的分析。如冯奎等学者通过分析这些小镇建设的基本政策,提出在各地特色小镇建设期间,政府必须在政策的总体导向、政策组合、政策支持三个方面做出详细的规划。郑京平对浙江省特色小镇建设的效果做了研究,提出了进一步明确责任,加强协作合理布局,循序渐进,奖励与追惩相结合,健全追惩机制,注重文化传承,防止盲目跟风、一哄而上的发展建议。周莉雅提出江苏省特色小镇建设中存在着产业特色不够鲜明、城镇功能不够完善、体制机制不够灵活等问题,应该厘清特色小镇与产业集群、所在行政单位、周边产业同质地区等的关系,形成上下联动、共建共享、风险防控等建设机制。路建楠在分析国外和浙江省特色小镇的情况下,针对上海特色小镇给予关注,并站在城乡一体化的视域思考,全面体现上海国际化大城市的基本特点,主动迎合区域环境整体整治,土地减量化环境下郊区农村经济持续性建设的新需要,发现且支持有基础、有条件的特色小镇研究以满足当地实际的发展方式。孙超英对四川省特色小镇建设的优势、劣势、机遇和挑战等诸多方面进行分析,提出了这一省份特色小镇的建设思路。董兴林通过对青海西海岸新区特色小镇持续性建设评估体系的建立、对小镇建设中已有的问题进行研究,提出了小镇建设的方式。而关于云南省的研究以旅游特色小镇建设为主,例如,程斌对云南花腰傣民俗体育的文化特征和旅游特色小镇建设的要求,提出了依托特色旅游小镇建设,繁荣花腰傣民俗体育文化的思路。

三是对国外城镇化、特色小镇建设的研究,以及对我国各地特色小镇建设带来的影响而加以研究。闵学勤等学者通过分析德国名镇哥廷根建设中的文化、经营和产业等诸多方面,提出在这一城镇建设中要解决的一些突出问题。康忻冬对英国田园小镇进行了分析,研究表明英国田园小镇渐成穷乡僻壤。田儆云将国外旅游小镇、高科技小镇、传统产业小镇、金融业小镇等的发展模式进行了介绍,提出国外特色小镇是经过长期积累、演变和自然形成的,并非偶然形成的。柒石对法国埃吉桑小镇、瑞士卢塞恩小镇、意大利波西塔诺、突尼斯西迪布赛义德蓝白小镇等的特色进行介绍,总结了国外旅游特色小镇建设的特点。

三、关于体育小镇建设的研究

1. 体育小镇的总体研究现状量化和可视化分析

截至 2021 年 5 月 30 日,本书用"体育小镇""运动休闲小镇"或"体育特色小镇"作为主题词在中国知网学术期刊数据库检索得到 342 篇期刊文献,运用中国知网指数统计的可视化分析功能,呈现出 2016—2021 年的学术期刊关注度与文献增长率上升的趋势(图 3-1)。

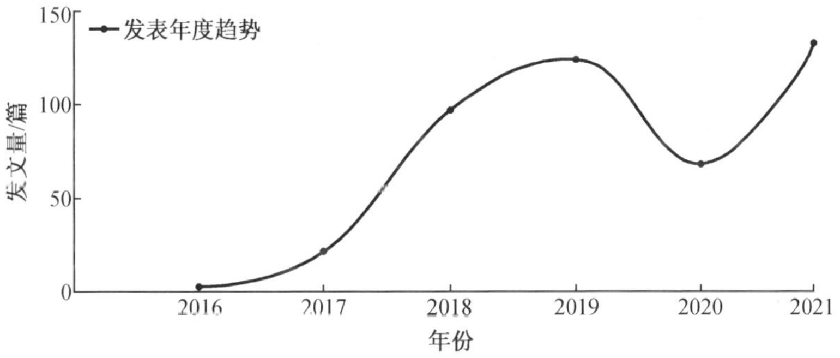

图 3-1 "体育特色小镇"的学术期刊相关文献的关注度和增长率

经过对上图的分析,笔者发现了"体育特色小镇"的学术期刊相关文献量总体保持增长的态势,显示了这一课题已然成为体育方面比较重要的研究课题。

2. 主题词共现分析

运用 CiteSpace5. 3. R5 工具,可以对以上文献关键词检索所得的结果实施可视化分析,并且取得和这一课题有一定关联的一些词语(图 3-2)。通过对上图的分析得出,有关这一特色小镇的分析主要集中在"特色小镇""体育产业""体育经济""新型城镇化""供给侧结构性改革"等比较重要的关键词上。

分析主要是针对“现状”“建设”“路径”等诸多内容的实践的思考,同时有一些专门用来针对“产业集群”“治理”等问题的分析。

图 3-2　基于 CNKI 的“体育特色小镇”主题词共现分析图

3. 关于体育小镇的研究进展与述评

本书基于期刊文章的内容分析,从体育特色小镇建设的背景与意义、概念界定、类型与发展动力、个案研究与国际经验借鉴、现存问题与对策建议、融资模式、评估体系研究以及建设中的政府职能方面对文献具体内容进行系统梳理与分析。

(1)体育小镇建设的背景与意义

体育小镇建设的背景对于理解特色小镇建设的含义、建设思路和政策目标等都有一定的促进作用。尽管在这一方面的内容上,并未能针对这一课题的时代背景、现实意义等诸多方面进行大量的描述,然而关于这一方面的内容在诸多文章中都会有一定的涉及,其中针对国外方面的文献研究内容不多,主要是针对欧美发达国家城市在后工业化时代的郊区化、城市群之间等诸多方面的问题上。有一些专家在对这些内容的分析中,提出是时代综合力量造就了特色小镇,如产业升级与城镇化建设等。体育特色小镇在生态、经济建设方面必然会对自然和人类产生较大的影响。体育特色小镇的建设从当下的发展来看,和我国政府实施的发展战略、发展政策有较大的关联,体育特色小镇的发展目标也和我国在新的历史时期提出的建设目标有一定的关联。所以,考虑到现实发展的相关要求,政府从政策层面逐步地促进体育小镇的建设有较为重要的现实意义,与我国当前面临的时代背景保持一致。强化针对这一特色小镇的建设,对促进提升国民素质有着较为重要的现实意义,同时有效地促进了体育产业的建设,促进了产业的升级和体育事业的进步,是美丽乡村、乡村振兴中极其重要的社会实践活动,是社会主义现代化建设的新探索,也是实施城镇化建设的重要手段。体育特色小镇的建设是对民族体育产业的保护和传承。

针对体育特色小镇建设所面临的研究背景和实际意义,学者们已经进行了一定的阐述,然而这些相关的观点都要通过一定的假设来支持,需要结合其未来的发展机制来分析当下的影响机制。

(2)体育小镇的形成动力和开发路径研究

这类研究主要是在特色小镇概念的基础上,加上“体育”二字形成“体育小镇”这个概念,这方面的研究很少,大多采用了以运动项目特色发展体育小镇的论证理论。典型的观点有:程斌整理归纳出了花腰傣民俗体育狮子舞、大鼓舞、傣族舞蹈的民俗体育文化的表现特点,提出依据特色花腰傣民俗体育文化建设体育小镇的发展方式;苏传民借鉴体育内生性发展核心思想,提出以海岛小镇的海洋资源为依托,开展蕴含海岛文化的体育项目,通过丰富多彩的体育项目开发海岛的体育旅游;陈安华等学者提出浙江省永康运动小镇建设取得了实际经验,为我国发达地区的特色小镇的构建研究提供了具有重要价值的参考依据。蒋清等学者提出全域旅游为体育小镇的研发提供了新的路径,体育小镇建设需抓住一个产业作为主导,尽量选择体育旅游为核心,将市场的力量发挥出来,推动该产业科学布局,相关区域联动,各部门高度协调。在融资层面,形成多主体构成格局,切实重视互联网的作用,扩大其影响力。

在体育小镇建设的动力上,一些学者将“消费需求、技术发展”等归入特色小镇的发展动力层面,一些学者认为,真正驱动特色小镇的力量,主要受到了技术和制度等方面的限制。还有一些分析人员认为驱动力是“科技创新、优质服务等方面”。体育小镇要实现持续发展,事实上需要依靠客户多次定向消费行为推动体育小镇市场化运营,从而促成影响力经济的形成。体育小镇市场化运营应该聚焦于“人口集聚—消费集聚(注意力经济)—二次消费(影响力提升)—多次定向消费(影响力经济)”,体育特色小镇的形成受到了生活环境、政策,以及区位优势等诸多方面的影响;政府、市场、企业和其他社会力量等诸多社会主体都要参与这些小镇的建设,其中政府的有效监管和市场的良性运作有效保证了这一工作的开展。文化承继与行业发展实现融合,才可以推动体育小镇的持续性发展。

就开发体育小镇的动力来看,笔者认为未来研究的重点应主要结合不同类型的区位、空间特征等,针对体育特色小镇做类型上的区别,而且有针对性地深入分析类别差异下的体育特色小镇的诸多方面的信息,如特征、发展的具体路径、管理所应用的机制与方式。通过分析,特色小镇会伴随社会的进步、经济的建设而取得发展。体育特色小镇本质上就是一个综合的系统,该系统的形成,往往受多个方面因素的影响。然而,在这当中,政策、技术、市场等都是小镇形成的重要因素。这就要求通过诸多方面或者诸多学科分析上述问题,如马克思的级差地租理论等就是比较重要的研究理论。

(3)体育特色小镇建设的个案分析与国际经验借鉴

当下,针对体育特色小镇的探索多集中在两个类型上:其一,以早期的体育特色小镇实践为依托,分析和针对这一方面的理论进行了基本的总结。例如,有一些学者针对浙江、上海、江苏、安徽等地的这一类型的小镇进行了相关的分析工作,并且在分析之后得出了自己的观点,指导后续小镇发展。一些学者以具体的运动小镇建设为案例,对体育小镇建设的实践困境进行分析,进而提出发展的路径。其二,聚焦政策驱动,通过针对上述问题的影响分析,判断建设这些小镇是否具有一定的可行性,然后在这一基础上提出了自己的分析思路。例如,一些学者就河北、新疆、河南、山西等地的优势和特色,对这些地区是否可以进行小镇建设做了相关的分析,并且对这些小镇的建设提出了基本的思路。

“他山之石,可以攻玉。”有一些学者更加关注西方发达国家在这一方面的分析工作,并且希望能从中取得一定的经验,然后在我国建设特色小镇中加以借鉴。有一些学者提出了欧美国家体育特色小镇的建设类型、历经的历史时期,并且针对这些方面归纳了诸多共同点,如在制度建设、产业建设,或者是文化传承等方面。因此政府提出了具体的改进对策,为我国体育特色小镇的建设贡献了自己的力量。有一些学者对我国和海外建设特色小镇的经验加以总结,从特色定位、政府与市场,以及人才等诸多方面,提出了未来小镇建设的基本思路。有一些专家认为应该从地区、产业、治理等诸多方面,分析西方发达国家建设体育特色小镇的基本思路,并且从文化传承、体育特色小镇经营,以及环境保护等诸多方面,提出了我国经营这一小镇的基本思路。也有一些专家通过对比中外国家的特色小镇,提出反思体育小镇的基本建设思路,提出了我国体育小镇建设本质上就是一种“造城运动”,认为我国体育小镇建设只可借鉴国外的经验,但不可完全复制,而应该建设具有中国特色的体育小镇。

对比分析国内外特色小镇建设的案例可以发现,当下的经验分析尽管比较全面地总结了这些相关方面的研究成果,但是有不少分析都是关于这一课题的定性分析。后面笔者将结合定性和定量分析,归纳这些小镇建设取得的成功经验。

(4)体育特色小镇建设的现实问题与对策建议

通过分析体育特色小镇的基本建设思路,学者们发现了这些小镇建设方面存在的一些突出问题,并且在此基础上提出了自己的对策。体育特色小镇当下面临的突出问题表现在:①未能清晰地界定其概念,也未能针对这一方面的内容进行科学分析;②项目相对单一化,甚至存在同质化的倾向,未能针对建设工作进行创新;③制度存在一定的漏洞,资源要素保障俨然受到了较大的制约,监管体系未能达到预期的要求,管理方面需要投入较多的成本;④产业链不是特别成熟,消费方面依然有待改进;⑤文化内涵不足,无法促进体育文化事业的发展;⑥相比特色小镇,体育界在该领域自身的政策特色上有待形成,苏浙沪在这一类型的小镇的建设上依然存在诸多问题。

针对上述学者的分析,容易得出当下的研究成果基本上包含了体育特色小镇的概念、规划、制度、文化等诸多问题。此外,不同地区和不同类型的小镇建设上的内容存在一定的差异。另外,体育特色小镇建设的不同阶段依然存在诸多问题。如体育特色小镇在下发了相关的补贴资金之后,龙头企业未能得到一定的补助,因此希望相关的激励制度有待提升。

针对现实问题,学者站在各自的视域,给出了发展的思路,具体表现在:结合自身的资源优势,找到自己的特色;应该始终进行规划,实现体育特色小镇的建设和其他产业的共同发展;针对这些主要产业的定位,明确打造有一定特色的产业群;规范相关的建设指标体系,逐步地促进考核制度的改进;探索各个地区的共同推进模式,逐步地建立起“人口－理念－经济”的体系;通过制度、精神、物质等维度,把这些地方的小镇建设和文化建设结合起来。有的学者提出通过定位小镇建设、招商引资等方式,解决当下小镇建设的产业链单一及产业链不成熟的问题。

这种小镇的建设和具体的发展战略,可以用来指导我国的体育特色小镇的实践,当然这些建议是否真正发挥作用仍有待分析。另外,不同地区、不同类型的特色小镇在建设过程中依然存在诸多突出问题。这些改进的建议无法保证“包治百病”,因此,针对这一方面的研究依然需要“因镇施策”。

(5)体育特色小镇融资模式研究

体育特色小镇的融资模式开始受到相关人员的重视,一些学者觉得资金不足是这种小镇建设面临的最为突出的问题。在运动休闲小镇建设过程中,为解决资金层面的问题，可以将 PPP 模式引入其中，保证这种小镇实现持续建设。在这里，针对 PPP 模式的优势也进行了一定的分析，提出了存在的 3 种创新金融支持模式：体育基础设施、运营与体育产业。有一些专家提出，通过引入 PPP 模式，促进了这些经营模式的创新建设；PPP 模式的建立，逐步形成了“企业主体，政府服务”的创新的经营模式；这一模式存在着积极价值，不仅可以在资本上占优势，而且可以使社会资本引流到该领域，还可针对体育特色小镇给予高水平的、全过程管理。一些学者通过对结构进行分解，提出了运动休闲特色小镇的建设问题，就 PPP 模式存在的风险现实也做了一定的分析，主张构建起 ANP（网络分析法）模型以更好优化风险管控，提出了具体的规避风险的策略。投融资模式是体育特色小镇建设的重点，由于投融资模式不仅决定了是否可以获得相关的资金，也直接影响到这些资金的使用，最终对这些小镇的建设和发展产生了较大的影响。从目前来看，针对这一方面的分析依然比较浅显。而其中的诸多问题依然有必要进行深入的分析，如政府投资体育特色小镇的主要资金来源和使用的支持形式。在逐步建设这些特色小镇的过程中，PPP 模式也显示了诸多方面的科学性、可行性，实践表明，这种模式可以促进小镇的建设。

（6）体育特色小镇建设的评价体系

一些学者针对这些特色小镇建设的概念进行了描述，对其发展水平的指标问题做了进一步的设定与分析，从而建立了评价体系。其中，涉及 4 个维度，主要体现为公共服务、特色资源、产业、基本状况等。这些分析为体育特色小镇发展状况的评估给予了相对合理的工具。然而这一研究把体育特色小镇内涵界定为“产业基地或空间载体”，而不是社区，因此人未能作为考虑因素。所以，对体育特色小镇概念提出的不同见解，必然导致建立起不同的评价体系。另外，面向这些体育小镇建设的评价体系，除了要针对本身进行评价之外，也要针对实现程度进行评价，如如何促进区域建设等。需要指出的是，《通知》的一个目标就是摆脱贫困。需要切实推动区域内体育产业的发展，继而对剩余劳动力进行吸纳，进一步提升创收水平，还可以为其农产品进入更大市场提供支持，让体育因素也参与到脱贫攻坚之中。所以，小镇是否可以脱贫是评价体育小镇建设情况的重要内容。

（7）政府在体育特色小镇建设中的作用

政府和市场的关系是重要的研究课题。一些学者在针对这一课题进行分析的时候，觉得政府必然要参与，政府在资源保障、基础设施配套、协调监督、顶层规划等层面，发挥着现实作用。也有学者提出政府应该将体育小镇建设放到公共性事务上，进而为建设这些小镇提供良好的外部环境。《通知》中提出的基本原则是“政府引领,市场为主导”,认为政府发挥起所应该承担的职能,这些职能往往集中在公共服务、政策配套、平台推广等层面,还体现在市场引导上,支持市场资源进入特色小镇领域,鼓励社会资本与资源合理进入。但是在特色小镇建设初期,在政府财力和支出责任未能保持匹配下,政府的作用显得极其突出。

4. 研究述评

综上所述,随着体育小镇建设的深入,当下的分析与相关论述主要是针对国际经验、研究背景、融资模式、评价制度分析与实施过程中的政府责任,分析角度多样,分析内容较多,为后续的研究工作准备条件。目前我国学界对体育小镇的定义尚未达成一致,也缺乏确切的理论支撑,很多体育小镇的知识信息是以新闻报道的形式公之于世,极少看见在特色小镇、体育旅游、体育产业园区、体育产业集群等研究成果中有与体育小镇有关的学术研究。事实上,这些研究并不完全是学术性的,更确切地说,是一种观念的介绍和推广,是一种在无确切概念及完备理论体系的情景下所开展的探索性、先验式的研究。针对体育小镇的建设的研究,理论知识和研究框架的缺乏导致既有研究缺乏深刻的分析和讨论,研究的系统性和深度还不够,因而当前研究急需在构建体育小镇的基本理论框架体系方面下功夫。本书强调对这些现实情况所应有的观照与前瞻,特别是针对建设方向和具体的实施路径应给予理性的思考。

小　结

体育小镇建设是一项复杂的工程,可运用到城市建设、体育产业发展以及文化承继的相关理论。本章对城市建设运用到的资源禀赋理论、田园城市理论、区域协调理论、空间生产理论以及均衡增长和非均衡增长理论进行了详细的介绍,为体育小镇的规划、资源开发、区域协同发展提供理论参考。体育产业是体育小镇的主体特色产业,产业集群理论、产业分布理论以及体育产业与其他产业的耦合理论可以为体育小镇体育产业的布局、体育产业的发展模式以及体育特色选择提供参考。文化是体育小镇的灵魂,也是体育小镇可持续发展的动力,文化资本理论、文化记忆理论、根植性理论以及价值共生理论,能够为体育小镇营造特色文化氛围、挖掘文化资源特色、创新文化传承提供思路。

特色小镇作为新型城镇化的一个类型,受到了国内外学者的广泛关注。国外学者对体育小镇的研究主要集中在三个层面:一是小镇与体育两者的内在关联层面;二是从不同的视角丰富体育小镇的研究理论、研究范式,主要是通过区域经济学、产业经济学、产业集聚、休闲游憩园区等理论及研究范式来对体育小镇进行系统及交叉研究;三是以具体的案例研究体育小镇建设的策略。国内学者对特色小镇的研究主要聚焦在三方面:一是特色小镇的内涵、发展路径上;二是对浙江特色小镇建设实施的基本模式、情况和具体路径的分析上;三是对国外城镇化、特色小镇建设的研究上。关于体育小镇的研究,在 2016—2021 年呈现递增趋势,主要集中在体育小镇的内涵、发展模式、形成动力以及开发路径等方面。

第四章　体育小镇的成长规律与发展现状

第一节　体育小镇的成长阶段及特征

体育小镇作为一种新型的小城镇，它的发展规律符合城镇化建设的规律，又具有自身的特色。体育小镇系统内体育产业与小城镇建设的耦合程度，决定了体育小镇的发展策略。基于社会科学的视域来把握，耦合的内涵是，在一定条件与环境下，两个系统彼此的影响、关联程度。

体育产业和特色小镇建设是既相互独立又存在紧密关联，两者构成一个共生的协调进化系统。构成协调进化系统的主要目的是实现复合系统的最优化，即体育小镇建设目标的实现，产业和城镇的融合发展。在明确两者相互影响的基础上，构建体育产业和特色小镇培育的动态耦合模型（图 4－1）。由图 4－1 可知，体育特色小镇的建设是由体育产业形成的发展圈和特色小镇培育约束圈结合而构成的结果。以一般系统论的系统演化思想对复合系统进行分析，设定体育产业子系统演化状态具体为 S，将其演化程度设定为 V_S，T 为特色小镇的演化状态，V_T 为其演化的速度；了解这个复合系统的 V，即演化速度，则可以借助数学思维来把握，形成 V_S 与 V_T 关联的函数，V＝熵（V_S，V_T），以 V_S 和 V_T 为控制变量，通过分析 V 的变化来分析整个系统及两个子系统的耦合协调关系。

特色小镇建设是我国城镇化发展在新时期的诉求，是我国城市化发展到一定程度采取的发展策略。“城市化发展是一个特别复杂的社会问题，不仅有世界性和地方性，还具有阶段性和连续性，城市化发展的过程，呈现 S 形曲线的发展规律”已经得到国内外专家的论证和广泛认同。这类 S 形曲线规律是相对符合发展现实的。设定两者的耦合关系存在着这种周期性的动态改变。在各周期内，复合系统的演变速度随着两个子系统的演变而发生变化，将两者的演化轨迹在一个二维平面中进行投影操作，继而对 V 的变化规律进行探究。

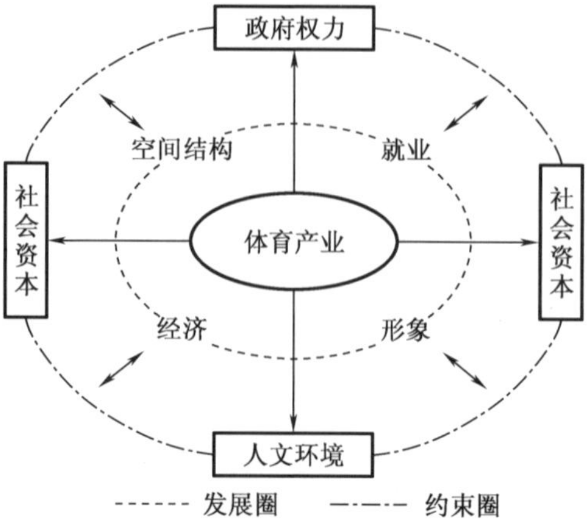

图 4-1　体育产业和特色小镇的动态耦合模型

如图 4-2 所示，α 是 V_S 和 V_T 的夹角，可以看作两个子系统的耦合度，因此，$\tan\alpha = V_S / V_T$。根据 α 的取值，可以分析体育产业和特色小镇培育的耦合程度以及体育特色小镇发展系统的演化状态。在一个演化周期内，体育小镇内体育产业和城镇化建设的耦合程度存在着四个明显不同的阶段：第一阶段，定义为低级协调共生阶段，即体育小镇的萌芽期；第二阶段，定义为协调发展阶段；第三阶段，定义为极限协调阶段；第四阶段，定义为螺旋式上升阶段。

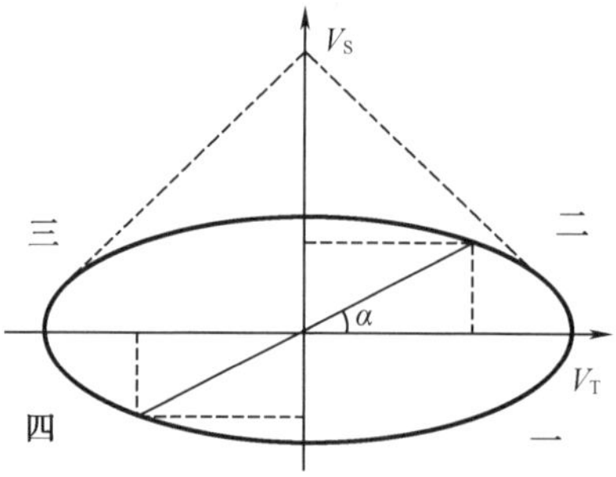

图 4-2　体育产业与体育小镇的耦合演化投影图

四个阶段是和特色小城镇的发展阶段相对应的。在第一阶段，特色小镇培育工作刚刚起步，处于缓慢发展期；第二阶段，是小城镇快速发展期；第三阶段，是特色小城镇发展到一定阶段，面临发展中出现的问题，处于转型期；第四阶段，小城镇转型成功，发展为真正的体育小镇。在不同的阶段，体育产业和小城镇建设的各子系统因各自发展生产要素的不同，而处于不同的发展时期，两者的耦合程度不同，体育小镇的建设任务也会有所不同，依据不同的发展时期可以制定相应的发展策略，加快体育特色小镇的建设。

一、萌芽期（低级协调共生阶段）

当 $-90° < \alpha \leqslant 0°$ 时，$V_S \leqslant 0$、$V_T \geqslant 0$，即 $\tan\alpha = V_S/V_T \leqslant 0$，系统处于第一阶段，即低级协调共生阶段，体育产业发展和特色小镇建设之间的影响还非常小。该阶段是体育小镇的培育初期，我国体育小镇的建设基本处在此时期，主要体现在，体育产业的发展依附于其他产业，散见于其他产业中，尚未形成产业链。因此在发展的初期，体育小镇的发展尤为缓慢，主要集中在逐步确定小镇的定位，产业的选择，生产、生活、生态空间的规划布局，资金的投入等方面；体育产业处于孕育阶段，主要包括对体育产业的定位、体育产业的类型、体育产业的规划等。例如，贾汪时尚体育小镇，曾经是江苏省著名的资源枯竭之地，然而在转型发展过程中，选择旅游业作为其支持产业，成为全国文明旅游城市和全国城市转型成功的典范。小镇内体育产业基础薄弱，体育项目的发展主要依附于旅游业，因此适合在景区内开展体验性强的体育项目。但体育产业的发展除了对小镇的经济建设有贡献外，对小镇的社会、人文环境的影响还非常小，整体处于低级协调共生阶段。安宁网球小镇是由温泉镇最大的酒店——凯莱温泉酒店开发的。该酒店建设了中国第一个网球红土场地，以体育赛事、体育培训为主，打造特色的体育 IP，给安宁市政府及开发商带来了名利。但正如网球小镇创始人蔡伟所言："在起初的网球场建设时是清楚该项工程是艰巨的，是长期的，然而却没有预料到其投入是如此庞大，而所得的回报周期却可能是以数年、数十年来计的。"赛事的举办几乎处于贴钱的状态，只能靠房地产来养赛事，但由于近年来，房地产业不稳定，发展举步维艰。据实地考察得知，目前网球小镇的看台的主场和 1，2 号场地利用率高一些，其他场地大部分时间都是闲置的，尤其是 11 号场地已经严重破损，无法投入使用。从温泉镇居民那里了解到，当地大多数居民并不参与网球运动，如果门票免费，偶尔会去看比赛，对他们的生活、工作没什么影响。但对凯莱温泉酒店附近的居民影响较大，因为赛事和培训时，部分家长会陪同子女，他们一般不住在酒店，而会住在附近的旅馆。因此，居民在自己的宅基地上建成旅馆、饭店、温泉池或是百货商店等，处于自发、无序发展状态，产业发展和小镇建设两者的协调还处于初级阶段。

二、发展期（协调发展共生阶段）

在 $0° < \alpha \leqslant 90°$，$V_S \geqslant 0$、$V_T \geqslant 0$，也就是在 $\tan\alpha = V_S/V_T \geqslant 0$ 的情况下，系统处

在协调发展阶段。这一时期,体育小镇处在迅速成长阶段。由于农村经济、文化体制和外来文化机制的冲突,特色小镇的建设速度较为缓慢。由实地的调研可知,虽然小镇的公共设施、医疗条件、食宿条件等均获得了改进,然而因为人们生活习惯与劳动方式的调整,小镇的原有居民需要一个适应的过程。该时期,体育产业的发展优势逐渐显现,与特色小镇的建设互相促进。如今,我国的体育小镇建设基本处在协调发展阶段,在国家体育总局及地方公布的体育小镇中,体育产业的发展和小城镇的建设是同步发展,逐步实现两者的协调发展。例如,北京槐房足球小镇的建设,目前已经基本完成了场地设施的建设和配套设施的建设,但由于项目建设初期的主要目的是体育培训工作,而附近居民的参与度非常低,在实地的调研过程中发现,足球场地长期闲置,附近居民对足球小镇的建设全然不知,虽然体育赛事、培训业得到快速发展,但体育产业和特色小镇的相互促进功能还没有得到发挥。

三、成熟期(极限协调共生阶段)

当 $90° < \alpha \leqslant 180°$时, $V_S \geqslant 0$、$V_T \leqslant 0$,即 $\tan\alpha = V_S/V_T \leqslant 0$,这一时期,体育产业的发展处于快速发展时期。体育产业的发展带动了小镇的建设,然而体育行业发展至一定阶段,体育产业的转型升级对人才、资源环境、资本等提出更高的要求,如图 4-1 所示的约束圈对体育产业发展的限制引起产业发展和特色小镇建设的冲突,两者之间的矛盾日益凸显。在急速发展期,体育小镇的建设主体应及时调整体育产业发展的政策,创新体育小镇的管理体系;逐步建立体育小镇建设、管理、运营所需专业人才机制,挖掘和培育当地人才,吸引并留住高层次人才。

四、分化期(螺旋式上升阶段)

当 $-180° < \alpha \leqslant -90°$时,$V_S \leqslant 0$、$V_T \leqslant 0$,即 $\tan\alpha = V_S/V_T \geqslant 0$。在经历了极限协调共生阶段后,系统的演化会出现两种结果:一是体育产业供给与人民日益增长的体育消费需求之间的矛盾未得到有效的解决,体育小镇可能会出现"有体无市"或体育特色不突出等问题。外培型的体育小镇甚至会出现场地闲置、赛事无观众、烂尾楼等问题。二是以上矛盾得到解决,体育小镇建设进入高级协调共生阶段。目前,国内体育小镇的建设尚处于初级阶段,能达到此阶段的体育小镇还不多,而法国的温布尔登小镇、新西兰的皇后小镇、瑞士的达沃斯小镇、意大利的蒙特贝卢纳小镇等都是成功的案例,值得借鉴。

第二节　体育小镇的发展现状

斯蒂格利茨对于21世纪的论断有很多,依据其观点,21世纪对世界构成显著影响的事件有两个,一个是美国高科技产业,另一个则是中国显著的城市化。我国官方与学术界基本上认可此提法,且提出21世纪是我国的“城市世纪”。改革开放以来,我国的城镇化速度震惊了世界,城镇化率从1978年的17.9%提升到2013年的53.7%,年均提高1.02个百分点;城市的数量从193个增长到了658个,建制镇的数量也从2 173个增长到了20 113个。从国外城镇化建设经验看,城市化率达到一定阶段后,交通拥堵、污染严重、就业成本高等问题随之出现,也将出现逆城市现象,小城镇、中小城市将迎来新的机遇。在推动城镇化的过程中,需要关注城市格局的优化,改变摊大饼式的巨无霸城市出现,选择网状形的、矩阵形的城市群,而这个战略的确定,也为特色小镇的发展奠定了基础。

一、体育小镇建设的数量

2014年中共中央、国务院印发了《国家新型城镇化规划(2014—2020年)》,开启了对各地建设特色小镇的探索。赛迪顾问股份有限公司的调查显示,2014年已经有21个体育小镇开始建设,随后,浙江省政府、江苏省体育局分别发布了特色小镇、体育健康小镇建设的通知。2017年,国家体育总局73号文件将体育小镇的建设推向快速车道(图4-3)。

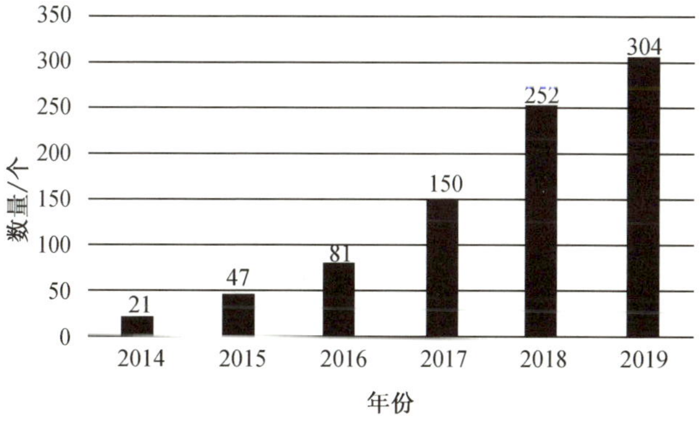

图4-3　我国体育小镇的建设数量及趋势

由图4－3可知，六年来，体育小镇的建设数量不断增加，基本呈现直线式增长。2020年，受疫情影响，体育小镇的建设基本处于停滞状态，各省市对体育小镇建设工作的推进速度也在减慢。

1. 国家级体育小镇的建设情况

我国体育小镇的建设主要包括国家级和省级。国家级体育小镇建设主要由国家体育总局牵头，对项目进行审核、评定、监督、评估；省级体育小镇由各省体育局牵头，负责项目的审核、监督、评估等各项工作。国家体育总局在2017年颁布了一批体育小镇名单，共96个。体育小镇的申报工作主要采用纸质版申报，依据小镇的申请书进行评定。培育名单发布后，国家体育总局组建了专门的调研团队，对96个体育小镇的建设情况进行摸底调研，并于2018年11月，针对调研中发现的突出问题，印发了《关于推进运动休闲特色小镇健康发展的通知》，明确了客观不足，如出现了部分项目政策落实不到位、产业特色不突出、工作进度不理想等问题，要求相关单位和部门以“内容丰富、特色鲜明、规划可行”为基本思路，从“六个方向”入手，切实依靠“五个坚持”，将存在的问题做好整改，以保障运动休闲小镇的良性发展。2018年底，国家体育总局对体育小镇的调研情况进行通报，宣布取消3个项目，警告整改31个项目，仅有62个项目审核通过，通过审核的项目获得国家体育总局的引导资金300万元。针对调研的情况，国家体育总局组织专家团队研讨政策，针对运动休闲特色小镇试点问题，制定并颁布了体育小镇建设工作指南，为体育小镇规范化建设指明了方向。2019年6—9月，国家体育总局再次对31个警告整改的项目进行验收，除未提交资料及主动提出退出试点申请的4个项目外，验收小组对19个省（区、市）的27个警告整改项目进行了实地评估验收。

2. 省级体育小镇的建设情况

江苏省体育局率先在全国体育系统中提出创建体育小镇的想法，并于国家体育总局颁布运动休闲小镇的通知之前，发布了《关于开展体育健康特色小镇建设工作的通知》（苏体经〔2016〕92号）。文件指出，要在2020年完成重点培育20个产业特色突出，宜居、宜游、宜业的体育健康小镇。在国家体育总局启动体育小镇的创建工作后，其他省份陆续推出了培育体育小镇建设的通知（表4－1）。

表4-1　各省(区、市)体育小镇数量一览表

省(区、市)	国家级体育小镇数量/个	省级体育小镇数量/个	合计/个	排名	体育部门是否发布专门文件
北京	6	0	6	8	否
天津	1	0	1		否
河北	6	6	12	4	否
山西	3	10	13	3	是
内蒙古	2	1	3		否
辽宁	3	2	5		否
吉林	2	1	3		无
黑龙江	1	1	2		否
上海	4	0	4		否
江苏	4	17	21	1	是
浙江	3	14	17	2	是
安徽	2	4	6	8	是
福建	3	5	8	6	否
江西	3	0	3		否
山东	5	1	6	8	否
河南	3	1	4		否
湖北	6	1	7	7	否
湖南	5	0	5		否
广东	5	4	9	5	否
广西	4	0	4		否
海南	2	2	4		否
重庆	4	0	4		否
四川	4	1	5		无
贵州	2	0	2		否
云南	4	0	4		是
西藏	1	0	1		否
陕西	3	2	5		否
甘肃	1	0	1		否
青海	1	0	1		是
宁夏	1	0	1		否
新疆	1	0	1		否

二、体育小镇的区位分布

1. 体育小镇的省(区、市)分布情况

由表4-1可以看出,我国各省(区、市)体育小镇的建设差距较大。国家级运动休闲小镇的培育名单受到申报时名额的限制,基本是按地区分配名额,所以并不能安全反映体育小镇建设的真实情况。但从各省份自主建设体育小镇发布的政策和现有的体育小镇数量可以看出体育小镇的基本现状。江苏省、浙江省、山西省、河北省四个省份的体育小镇建设数量超过10个,江苏省体育小镇的数量最多。有超过2/3的省(区、市)设有省级的体育小镇,可以理解为该地区紧跟国家体育总局的步伐,按照上级的要求完成体育小镇的有序建设,并对本省内体育小镇工作进行部署、安排与运作。而体育部门发布制定针对体育小镇建设的文件,或在体育产业的规划中提到体育小镇建设的省份仅有江苏、浙江、山西、安徽、云南和青海六个省份,在其他省(区、市)体育局或文广局的网站上,未检索到相关的政策要求。浙江省在体育产业"十三五"规划中,直接确定了体育特色小镇的建设问题。江苏省出台了相关的通知文件,并组织专家对项目的申报、建设过程、考核评价等实施动态监督管理。山西省于2020年发布了相应的试行办法,并于2020年8月公布第一批省级体育小镇名单。2018年,云南省针对休闲产业的发展问题制定了政策,确定要推动国家运动休闲小镇建设,目标数量是20个,但尚未公布省级体育小镇名单。

2. 体育小镇的选址及形态

体育小镇承载着促进美丽乡村建设、缩小城乡差距的任务。国家体育总局印发的《运动休闲特色小镇试点项目建设工作指南》(以下简称《工作指南》)明确了运动休闲小镇的建设原则、标准等问题,要求布局上应合理,在选址问题上,主张以交通轴线为准,或选择在景区周边、城镇附近等,既独立于城市,又不会太过遥远。《通知》也对选址不同的体育小镇的发展重点做了论述。对于浙江而言,其推动的特色小镇建设并非行政引导下构成的,而是存在于大城市周围或内部,选择具备良好特色产业的,或充分旅游资源的区域而打造的一个集合区域。体育小镇身为特色小镇之一,在选址时首要考虑的是体育产业发展所需的资源要素。如图4-4所示,在检索到的152个体育小镇中,依托城市区域资源建设的小镇仅占5%,依托行政区划上的建制镇建立起来的小镇最多,占到了将近一半。究其原因,主要是体育旅游产业、体育休闲产业、体育康养产业的发展对土地面积、自然环境的要求较高。在新型城镇化建设的要求下,我国的乡镇正寻求更大的发展,能为体育产业提供更有力的政策支持、更低的投入成本和劳动力成本。“非城非区”的空间主要是城乡接合部或现有的景区、产业园区等地方，由图可知，42% 的体育小镇选择在非城非区的地方进行建设，非城非区的空间能够为体育小镇的整体规划提供条件，更容易形成产业集聚，发展出特色。农村虽然在地价成本上较低，但由于其交通不便、基础设施差、原居民安置等问题，影响了体育小镇的选址，仅有 6 个小镇选择在农村建设。

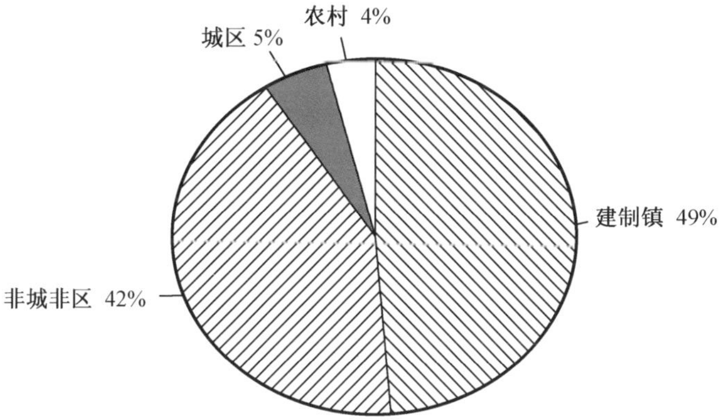

图 4－4　体育小镇的主要建设区选址

《工作指南》中针对运动休闲小镇的规划问题也做了进一步阐述，明确其核心区域范围往往设定为 3～4 平方千米，尽量不分割，这样可以更好地提供体育文化、产品与相应服务。对于核心区域外围，则设为拓展区，可集中连成一片，作为户外运动区域，也可以与其他产业融合。由图 4－5、图 4－6 可知，试点项目中 72% 的小镇规划面积为 4 平方千米以下，小镇的居住人口在 3 万人以上的仅为 17%。总体而言，体育小镇的核心建设区属于“小而精”。

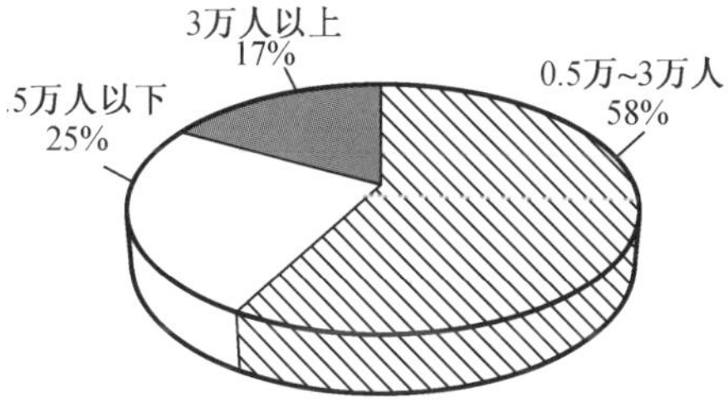

图 4－5　试点项目核心规划区的人口规模

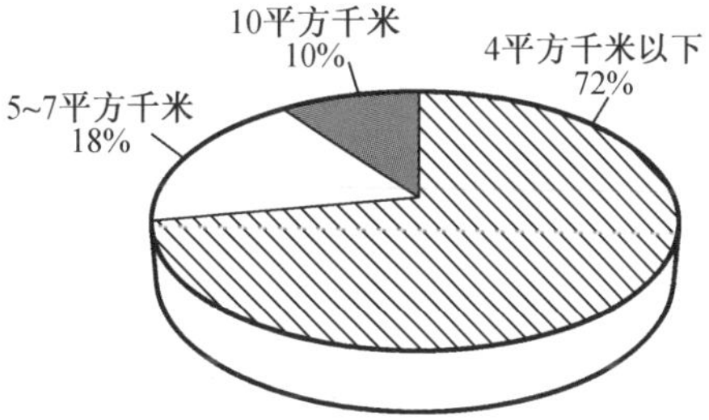

图 4－6　试点项目核心规划区的面积

3. 体育小镇建设区与原居民生活区的关系

体育小镇的主要建设区与原居民生活区的远近、两者的相互影响程度，对原居民的生活、工作、体育行为与认知具有不同程度的影响。

（1）共存型

共存型主要是指体育小镇与原居民的生活区域两者共同存在，各自为营的状态，主要有外延型和内嵌型。外延型主要是指原居民的生活区域在体育小镇的主要建设区域之外，两者尚未产生交集（图 4 –7）。目前，接受调研的体育小镇中有 75% 的体育小镇和原居民均是该种类型。该类型体育小镇的建设由地产公司或体育公司筹建运营，处于一期或是二期建设中，现有项目以地产和赛事举办为主；镇内企业与原居民生活区域远离，减少了投资成本；现有新的社区尚未建成，原有社区的改造尚未启动，总体公共体育设施供给不足；原居民的参与度和关注度较低，原居民尚未享受到体育小镇建设带来的福利。例如，云南安宁网球小镇，该体育小镇的中心是凯莱温泉酒店，其主要的体育设施是该酒店投资建设的 11 片网球场地。温泉镇离该酒店约 3 千米，对于到酒店参加比赛或是培训的人，酒店为其提供了全面的服务，对镇区居民的影响较小。在温泉镇原居民的访谈中，当被问及网球小镇时，原居民的第一句话均是“那（网球小镇）是那个（凯莱温泉）酒店弄的，跟我们没啥关系”。

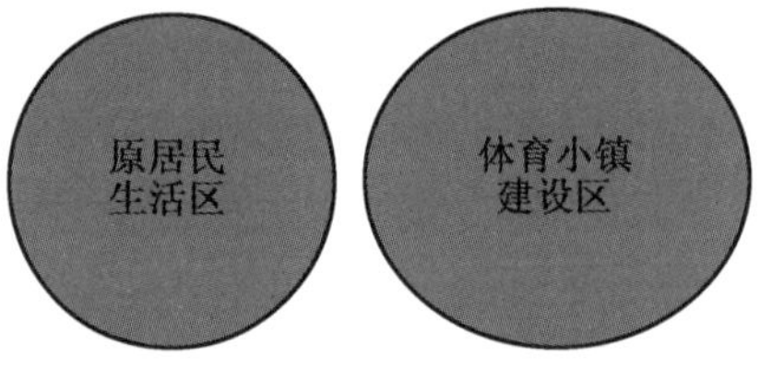

图 4 –7　体育小镇建设区与原居民生活区相邻但不相交

内嵌型主要是指体育小镇的建设区域将原居民的生活区域包括在内，或是体育小镇建设在原居民的生活区域（图 4 –8）。该类型的体育小镇主要建设思路源于城中镇、镇中镇和村中镇，在调研的小镇中，12% 的小镇属于该类型，主要选址在市区或市郊。该类型的体育小镇呈现出公共体育设施配备到位，配套服务基本齐全，原居民参与体育小镇建设受限的特点。例如，北京槐房足球小镇位于北京市南郊，主要建设区域由酒店和足球场地构成。在足球小镇建设之初对其统一规划，将小镇原居民统一迁出，安置在一个由开发商投资建设的社区，给予其最基本的住房和生活保障（每个月每人 800 元补助）。新的住房区域内，原居民的生活方式发生了变化，公共体育设施配备齐全，小区环境优美，但由于体育小镇产业选择需要高端体育人才，原居民很难参与其中。

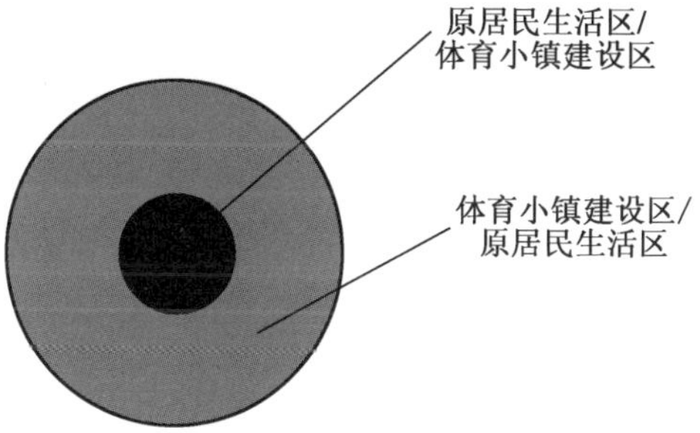

图 4 –8　体育小镇建设区与原居民生活区内嵌

(2)共生型

共生型主要是指体育小镇建设区域与原居民的生活及各个方面已经相互影响，并同时存在(图 4 –9)。该类型的体育小镇对人文环境和体育传统的要求较高，呈现出体育产业起步早，小镇原居民能自由参与体育小镇的建设，小镇原居民与体育小镇的建设区域互利共生的特点。例如，淮安施河智教乐享运动小镇坐落在全国著名的教具之乡，镇区内原本就有著名的草皮生产商和体育设施企业，在体育小镇建设的红利下，小镇内部分企业开始转型发展体育产业，在小镇内安装了智能健身器械和少儿攀岩和游乐设施，为原居民建设和游玩提供了便利；青海龙羊峡运动小镇位于知名的龙羊峡镇，而《龙羊峡旅游区总体规划(2013—2030)》将体育旅游休闲体验项目作为重要内容，并在 2016 年取得了体育旅游精品景区的荣誉，前期的发展基础使其顺利成为国家体育总局第一批运动休闲小镇培育项目。体育小镇的建设在镇区内建设了全民健身中心、专门的自行车道；改建和修缮旧场地，为市民免费开放，提升了小镇居民的生活水平；小镇居民积极配合、参与体育小镇建设。随着二者重合区域的增大，体育小镇建设组建实现生产和生活的融合。

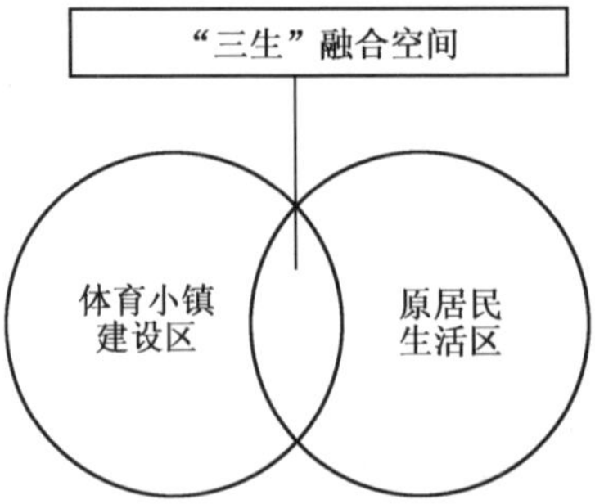

图4－9　体育小镇建设区与原居民生活区共生型

4. 体育小镇的交通和自然资源的现状

体育小镇与交通、水资源的距离一览表如表4－2所示，96个国家级体育小镇中有52个体育小镇与省级以上公路的距离为10千米之内，35个体育小镇与最近铁路的距离小于10千米。83个体育小镇与省级公路的距离不超过30千米。

资源禀赋是体育小镇建设的基础，自然资源是体育小镇建设的重要因素之一，而水资源是自然环境的首要因素。国家级特色小镇中，设置水上项目的小镇有20个。91个体育小镇附近30千米以内都拥有水资源，无论是直接与水上运动相融合，还是自然风景方面，水资源对于小镇的建设都至关重要。

表4－2　体育小镇与交通、水资源的距离一览表

交通与自然资源	10千米	15千米	20千米	30千米
公路/个	52	60	72	83
铁路/个	35	42	52	59
水资源/个	53	69	82	91

备注：参考左逸帆的文章，依据2017年国家体育总局颁布的96个运动小镇的资料整理而成。

三、体育小镇核心项目的分布

体育小镇的特色主要体现为核心体育项目，核心运动项目也是体育小镇建设首要考虑的问题。是否依据小镇的自然资源、人文资源、产业基础选择核心项目对其进行产业规划，直接决定了体育小镇的发展前景。国家级与省级体育小镇核心项目一览表如表4－3所示。

表 4－3　国家级与省级体育小镇核心项目一览表

项目名称	小镇数量/个	占比	排位
户外休闲运动	61	35.67%	1
水上运动	22	12.87%	2
冰雪运动	21	12.28%	3
足球运动	10	5.85%	5
自行车	7	4.09%	8
康养休闲	17	9.94%	4
航空(空中项目)	9	5.26%	6
科技体育(电竞、智慧体育)	10	5.85%	5
传统体育项目(武术、太极、舞龙舞狮、龙舟、射艺、少数民族体育等)	8	4.68%	7
马拉松	5	2.92%	10
网球、乒乓球、羽毛球等小球	5	2.92%	10
排球、篮球	3	1.75%	12
装备制造、器材生产	3	1.75%	12
高尔夫	8	4.68%	7
马术	6	3.51%	9
赛车	9	5.26%	6
全民健身(体育公园)	4	2.34%	11
极限运动	10	5.85%	5

备注:依据体育小镇的项目申报书和2020年底各省(区、市)颁布的省级体育小镇对外宣传资料整理而成。

由表4－3可知,体育小镇核心项目前三位分别是户外休闲、水上和冰雪运动。户外休闲运动主要是指以自然资源为依托对体育小镇进行规划设计,开展登山、攀岩、卡丁车、健身跑、马拉松、骑行等休闲体育活动。在对每个小镇核心项目的统计时发现,以户外运动休闲为主的小镇主要依托小镇现有的旅游资源打造体验经济,设计不同项目的体验区,目的是打造户外运动综合体,包含的项目一般为三种及以上的户外运动,而且在规划时,每个户外项目的比重差距不大。以水上运动为主的体育小镇主要以少儿水上乐园、帆船帆板、冲浪、垂钓、香蕉船、皮筏艇、滑水等项目为主,主要集中在海边城市或依水而居的小镇。大力开展冰雪运动是国家政策的要求,在96个体育小镇中,超过1/5的小镇把开展冰雪运动作为核心项目进行打造，从冰雪小镇的分布看，存在天然有利条件的北方小镇正在积极开展冰雪运动，其他地区也在开展冰雪运动。例如，甘肃省唯一入选国家级的体育小镇，坐落在兰州市皋兰县什川镇，其主打项目就是滑雪运动。2019 年课题组成员去调研时发现，小镇主要围绕一个滑雪场在建设，滑雪场建在山上尚未完工，然而在 3 千米范围内，缺乏相应的基础与配套设施，据说会有配套的酒店，但在同年 6 月，课题组再次去调研的时候，仍未见到规划的项目。宁夏回族自治区唯一入选国家级体育小镇的便是苏峪口滑雪场小镇，它也是以滑雪运动为主。不仅这些小镇以滑雪运动为核心项目，就连其他特色小镇，也将滑雪场作为规划建设的一部分。

由文本分析和表呈现的结果可知，在一些体育小镇中，舞龙舞狮、太极拳、武术等项目，作为核心项目的小镇仅占 4.68%，而近 90% 的体育小镇在规划中对当地的传统体育项目只字未提，部分小镇将开展传统体育项目赛事作为规划的内容。

在大健康背景下，各地都在积极探索体医融合的路径。以运动康复、休闲度假为主的小镇，主要以成熟的度假配套设施为基础，引入康体医院、体医人才培训基地，投入建设多类型的运动场地，将自身定位为"慢城""养生谷""度假胜地"等。在实地的调研中，课题组成员发现该类型的小镇对"体育特色"的引入尚处在规划设计和理念先行阶段，在具体的操作实践中，一般是靠引入或举办一些体育赛事。赛事虽然能带来集聚效应和带动旅游业发展，但只有常态化赛事或专有的赛事才能形成特色，带动企业前来落户，从而取得稳定的效益。

航空项目、电子竞技、极限运动作为体育小镇的核心项目受到企业的青睐。课题组成员在资料整理时，将航空项目界定为体验低空飞行、空中游览、滑翔伞、热气球、高空跳伞等空中项目，将智慧体育、电子竞技等命名为科技体育，主要原因是该类项目的开展要以互联网科技技术为基础，让参与者获得不同于运动的体验。在实地的调研中发现，该类型的小镇比较容易吸引投资商，建设的进度较快，在小镇内基本涵盖了每一类项目的全产业形态，能够为更多客户群给予更精准、充分的需求满足、体验，让来到小镇的人有不一样的感受。

四、体育小镇的投融资现状

我国体育小镇的建设启动快、建设任务重，而且体育产业具有产业链长、投资回报周期长的特点，所以体育小镇的建设启动需要大量的资金投入。体育小镇作为城镇化建设的一部分，不同于体育产业园区、体育项目训练基地、体育公园，除了承担体育产业发展的重任，更要建设成为宜居、宜游的生活空间，因此，无论是房地产企业、金融企业还是体育企业均是小镇招商引资的对象。2019 年国家级体育小镇投资主体、投资项目数量如图 4－10 所示，2019 年 75 个试点项目引入 217 项资本投入，其中政府投入 57 项，占 26%；国有企业投入 43 项，占 20%；民营企业投入 105 项，占 49%；城投公司投资 7 项，占 3%。各投资项目持续落地，各试点项目总计投入 3 058.4 亿元，65 个试点项目规划体育类固定投入 1 248.7 亿元，已完成 731.1 亿元，其中 62 个试点项目已经完成体育项目固定资产投资 289.1 亿元，与上一年度相比，投入稳固增长。

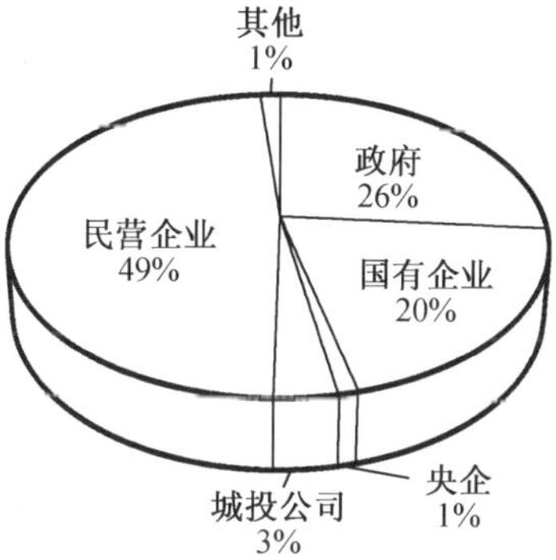

图 4－10　2019 年国家级体育小镇投资主体、投资项目数量

五、体育小镇带动就业的情况

根据国家体育总局对第一批审核通过项目的调查显示，60 个试点项目共入驻企业、协会、社会团体等组织 1 540 个；58 个试点项目共入驻体育相关组织 125 个；60 个试点项目共带动就业人口 7 万人，其中与体育直接相关的就业人口 1.4 万人。课题组于 2017 年 4 月到 2020 年 1 月，分别对华中、华南、东北、东南、西北、华北、西南区域中 14 个省市的 24 个体育小镇进行了实地调研，对 199 位小镇工作者进行半结构式访谈。受访谈者的基本信息如表 4－4 所示。由表可知，在受访者中，有运动习惯的仅占 26.6%；年龄在 50 岁以上的有运动习惯的占 82%，基本以健身走和广场舞为主。年龄在 40 岁以下的以自己创业、售楼服务员、场馆收银员等为主；年龄在 41～60 岁的人最多，以家庭手工作坊、场馆管理员、清洁工、场地维护等职业为主。60 岁以上人员不作为访谈的主要对象，他们基本属于留守老人，在家带小孩。此次访谈的主要目的是向他们了解体育小镇建设给他们的生活带来的变化。

表4-4 受访者的基本信息

	性别		年 龄				有无运动习惯	
	男	女	40岁以下	41~50岁	50~60岁	60岁以上	无	有
人数	89	110	50	74	56	19	146	53
百分比	44.7%	55.3%	25.1%	37.2%	28.1%	9.6%	73.4%	26.6%

在199位访谈者中,因体育小镇建设新得到工作机会的有46人,占比为23%;因体育小镇建设失去工作的有26人,占比为13.07%。综合而言,体育小镇建设约为20人提供了工作机会,占比为10.05%。原居民的就业现状如表4-5所示。

表4-5 原居民的就业现状

工作性质	工作类型	原就业人数	新就业人数	占比
自主创业	餐厅	11	2	11.7%
	民宿	5	3	7.2%
	项目体验	0	4	3.6%
	水果店	9	0	8.1%
	特产店	4	2	5.4%
提供的职位	清洁工	11	13	21.6%
	服务员	15	12	24.4%
	收银员	2	3	4.5%
	场地管理员	2	4	5.4%
	保安	6	3	8.1%
合计		65	46	100%

由表4-5可知,体育小镇建设给原居民提供的工作主要为清洁工、服务员、收银员、场地管理员等工作,基本以合同工为主,工资待遇普遍不高。与原有小镇工作人员相比,在服务员行业中多了房地产销售、客房服务的工作,相比于原有小镇服务员的工作要求更高,但待遇也相应地提高了。例如,某35岁女性服务员说:"现在比之前好多了,我之前在外地工作,没有办法照顾小孩,现在能在家这边工作,一个月奖金加上工资也有3000多元,我们是多劳多得。我除了担任客房管理员之外,还代管一个便利店。"场地管理员工作也由原来的游乐场向马场、赛车场、网球场等体育场馆的管理转变。例如,某54岁男性管理员

说:“现在这个赛车场都归我管,现在是淡季,人不多,周末还好一些,工资待遇比保安要高一些吧。我有时候忙不过来也会让我老伴来帮我,反正她在家也没什么事。”体育小镇带来的创业机会主要有建民宿、开风味餐厅、开设传统项目体验等。例如,有位自主创业的人说:“我们这里的人都会骑马射箭,正好现在有这个机会,我就把我家的马牵过来,赚点钱。平常人不多,不过搞活动的时候人还挺多的,体验一次 120 元,我和我老公都在这边设置这个体验项目。”小镇原居民的工作主要是自主创建餐厅、水果店、特产专卖店等,部分人在商店、餐厅做服务员、保安和清洁工,由于之前镇上的企业都比较小,所以他们的工作收入均是以工资为主,谈不上其他的福利待遇。

小　　结

体育小镇作为一种新型小城镇,它的成长会经历萌芽期、发展期、成熟期和分化期。不同的时期,体育小镇会呈现出不同的特征。我国体育小镇的建设尚处于萌芽期,部分建设较早的体育小镇已经进入发展期。只有实现体育产业和小镇建设的同步发展,才能建成体育小镇;如果两者不能同步发展,体育小镇就会成为体育产业园区、体育项目培训基地、体育公园,而非真正的体育小镇。

体育小镇的萌芽期始于 2014 年,截止到 2019 年底,体育小镇的数量达到 304 个,五年来呈现直线式增长;在 96 个国家级小镇中,3 个被取消资格,31 个被警告整改,62 个被认定并给予资金支持;省级体育小镇的建设进度差距大,建设体育小镇最多的省份是江苏省和浙江省,分别有 21 个和 17 个,有超过 2/3 的省(区、市)没有设立省级的体育小镇,仅有国家级体育小镇;体育小镇选址以建制镇和非城非区为主,占比分别为 49% 和 42%。86% 的体育小镇位于省级公路 30 千米之内,62% 的体育小镇与铁路的距离在 30 千米之内;95% 的体育小镇与水资源的距离在 30 千米之内。体育小镇的核心建设区与小镇原居民的生活区主要呈现出共存型(87%)和共生型(13%)两种,核心建设区的面积以 4 平方千米(72%)为主,人口在 0.5 万 ~3 万的占到了 58%。通过对收集到的国家级和省级体育小镇的规划书、申报书以及实地调研情况进行分析,目前体育小镇建设的核心体育项目以户外运动和水上运动为主,冰雪运动和康养休闲项目次之,最后为足球运动。一些新型项目如科技体育、极限运动也受到人们的青睐,而一些传统的体育项目,如舞龙舞狮、太极拳等为主的小镇总体数量偏少,仅占 5%。

体育小镇的投融资情况总体不容乐观,以民营企业投入为主,占比 49%,政府和国有企业投入占比 46%；各试点项目总计投入 3 058.4 亿元，其中 65 个试点项目规划体育类固定投入占比 40.8%，截止到 2019 年，已经完成体育类固定投资 58%。根据国家体育总局对第一批审核通过项目的调查显示，60 个试点项目共带动就业人口 7 万人，其中与体育直接相关的就业人口 1.4 万人。根据课题组对 24 个小镇 199 位居民的访谈得知，体育小镇给原居民带来的工作以创业、场馆管理、保洁等工作为主；小镇原居民有运动习惯的仅占 26.6%，年龄在 50 岁以上的有运动习惯的占 82%；体育小镇建设所带来的新工作机会占访谈人数的 23.1%，因体育小镇建设失去工作机会的占比为 13.07%，即体育小镇的建设为居民提供了 10.05% 的工作机会。

第五章　体育小镇建设面临的现实环境

在国家体育总局和地方政府的大力推动下，体育小镇的建设取得了一定的成效，但也遇到了诸多问题。只有综合研究体育小镇建设的优势、劣势、机遇与挑战，才能在新时代新起点上，规避风险，发挥优势，取得更加显著的效果。

SWOT－PEST 分析法是一种能有效识别自身优势与劣势、判别机会与威胁的战略分析方法，属于战略管理学中分析战略措施的主要工具，是系统研究和策略学的主要分析方法之一。SWOT－PEST 分析法以前被应用于企业管理、人才资源、产品开发等领域。伴随分析的持续执行，这类方法不断进入其他领域，如企业管理、制造业、旅游业、体育产业等，并服务于相应的规划工作、策略编制工作。这一模型主要针对诸多方面进行分析（表 5－1），能够清晰地把握自身优劣，迎接外部挑战与机遇。本书选择应用这类工具，从多个维度出发，对体育特色小镇面临的现实环境进行剖析，为建立体育小镇的方式提供了一定的理论。

表 5－1　SWOT－PEST 分析矩阵

SWOT－PEST	S（优势）	W（劣势）	O（机遇）	T（挑战）
P（政策）	PS	PW	PO	PT
E（经济）	ES	EW	EO	ET
S（社会）	SS	SW	SO	ST
T（科技）	TS	TW	TO	TT

第一节　体育小镇建设面临的政策环境

一、优势（PS）

我国体育小镇的建设呈现出启动快、发展迅速的特点，主要原因归于各项政策制度的制定和引导。为推动体育小镇健康、良性发展，2017 年 5 月，国家体育总局发布了一份规范性的通知文件,并于同年 8 月,发布了第一批体育小镇的培育名单,迅速启动体育小镇的培育工作。自培育工作开始以来,国家体育总局先后三次颁布了针对性的文件,为体育小镇的建设提供了强有力的政策支持。江苏省、江西省、安徽省的体育局也纷纷发布了促进体育小镇建设工作的政策文件。

二、劣势(PW)

体育小镇政策的研究未能充分考虑体育产业的特征,也未能在充分调研各地体育产业发展实际,缺少对政策的有效性评估,并且政策的制定也缺少连续性。国家体育总局虽然颁布了《工作指南》,但并未制定相应的评价指标,虽然很多小镇政府拿到了名额,却不知道如何建设,一直停留在观望或理念规划上,因此造成第一批培育的 96 个体育小镇中,取消整改 34 个、暂时保留 62 个。

三、机遇(PO)

体育小镇建设的政策机遇体现为三个方面。一是住房和城乡建设部、国家发展和改革委员会、各地政府针对特色小镇的发展,出台了一系列与其匹配的支持性政策。例如,国家发展和改革委员会办公厅《关于建立特色小镇和特色小城镇高质量发展机制的通知》(发改办规划〔2018〕1041 号)提出,要立足不同产业门类,挖掘先进制造类、科创教育、商贸、文旅、体育等现代服务类案例,探索差异化多样化经验。在 2019 年发布的第一轮全国特色小镇典型经验中,黑龙江大庆赛车小镇、江西丫山体育小镇成为推广的典范,这提升了地方政府发展体育小镇的信心。二是乡村振兴战略、旅游产业等相关部门发布的促进乡村振兴、体育旅游产业发展的政策。三是体育产业发展战略、全民健身理念的推广与相应政策得到了支持。2014 年,体育产业纳入国家战略,成为影响体育产业发展的大事件。这种定位切实有力地刺激了体育产业的市场发展。《体育强国建设纲要》提到,到 2035 年,体育产业成为国民经济支柱性产业。各地纷纷出台关于体育产业高质量发展、全面推进全民健身战略的文件,为各地选择体育产业作为特色进行培育给予了大力支持。

四、挑战(PT)

体育小镇建设的政策体系不很完善,特色小镇的建设是文化积淀的结果,国家级特色小镇经过层层申报、层层筛选而产生,具有推广价值的特色小镇,每个省份的特色小镇数量的基数大,政策完善。而体育小镇建设是自上而下地扶持建设的结果,由表4-1可知,仅有6个省份制定了针对体育小镇建设的政策文件,其他省份的体育小镇建设仍然依附于特色小镇建设的政策。我国体育产业尚处于发展的初级阶段,对小城镇建设的正向促进作用的典型案例还比较少,面临着旅游小镇、文旅小镇和制造业小镇的挑战。

第二节　体育小镇建设面临的经济环境

一、优势(ES)

体育产业被认定是新世纪的朝阳产业、绿色产业、幸福产业,体育产业在国民经济中的作用日益凸显。2019年体育产业总体规模达到了29483.4亿元,实现增加值11248.1亿元,占国内生产总值(GDP)的1.2%。“美国印第安纳州利用体育产业实现中心城区的复兴,通过创办体育赛事为社区创造了超过40亿美元的直接赛事收益,通过大型体育场馆的投入建设实现了中心城区的复兴。”2016年,温布尔登网球小镇因温网总收入达到2.03亿英镑。体育赛事、体育旅游、体育制造业以及体育培训业对城镇经济建设促进作用的事实已经得到了验证。国内外的实践案例均表明,体育小镇具有带动区域经济增长的潜力和优势。

二、劣势(EW)

体育小镇不同于体育产业园区、体育项目培训基地、体育公园等项目,它要求整体布局、合理规划,不仅注重为居民提供良好的工作机会和工作环境,也注重对整个小镇生活环境、教育环境、医疗环境、生态环境的建设;加之由于我国城乡体育基本公共服务配置差距大,所以,体育小镇建设被称为“造城运动”,在前期的发展中,需要各方面的支持和大量的资金投入。作为主体产业的体育产业尚处于发展的初级阶段,体育产业的结构不合理、产业链不完善、外溢性效益差等问题都很突出,对相关产业的吸引力、对人才的集聚效应不强是体育小镇建设的劣势。

体育小镇建设注重“体验经济”的打造,但相比于传统的观光游,其消费较高。例如,热气球、低空飞行体验、滑翔伞等项目都属于高端消费;潜水、摩托艇、皮筏艇等水上项目的消费也很高。虽然体育小镇也有很多普通消费的项目,但相比于传统的旅游小镇的游、吃、住费用,体育小镇对普通消费群体的吸引力还处于劣势。

三、机遇(EO)

对世界体育大国的发展脉络研究发现,人均 GDP 增长与消费结构有着直接关联。当人均 GDP 超过 5 000 美元这个关节点的时候,人们在文化层面的消费比重会显著提升,而体育消费也成为其核心内容之一。

2013—2020 年国内人均 GDP 收入如图 5 - 1 所示,我国从 2013 年开始人均 GDP 就达到了 43 497 元。人均 GDP 的增加为居民的体育消费提供了条件,也为体育产业的发展提供了机遇。体育旅游小镇成为发展快、效益好的特色小镇,得益于国民旅游消费的增加。近五年来,我国城镇居民和乡村居民的旅游消费均在增加,2019 年的国内旅游达到了 6 006 万人次,旅游消费总额达到了 57 250.9 亿元。旅游业拉动消费的能力持续增长,为体育旅游小镇的建设提供了好的发展机遇。

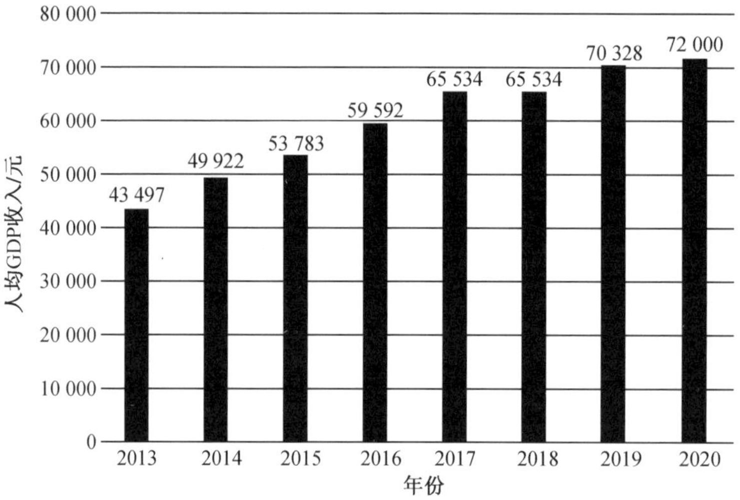

图 5 - 1　2013—2020 年国内人均 GDP 收入(单位:元)

随着国家体育总局对体育小镇建设的大力支持,各类社会资本和企业纷纷参与体育小镇的建设。例如恒大、万科、碧桂园、雅居乐、苏宁、莱茵体育、奥山集团、融创、蓝深世纪、影达传媒等投资建设或参与小镇的规划运营。中国银行、中国农业银行、中国工商银行、中国建设银行、中保投资有限公司、中国旅游产业基金管理有限公司也分别与国家体育总局签订了合作协议,明确指出支持体育小镇的建设,这为体育小镇建设的融资提供了保障。部分地方体育局也分别与各大银行签订合作协议,支持体育产业的发展。例如,云南省体育局、苏州市体育局等分别与中国光大银行的地方分行签订战略协议；河南省体育局、宁波市体育局、江苏省体育局分别与中国建设银行的地方分行签订合作协议，为发展地方体育产业的企业提供了全方位的支持。

四、挑战（ET）

体育小镇建设属于前期投入大、资金回收慢的项目，企业如果没有强大的资金支持，不敢轻易地选择投入。安宁网球小镇的项目负责人在接受访谈时说，正因为上述原因，体育小镇建设的招商融资面临着严峻的挑战。一是政府的资金支持有限。目前体育小镇的基础设施建设投入主要由地方政府完成，但部分地方政府财政资金有限，无法及时给予财政支持。二是在我国，现有的体育企业具备大量资金投入的还比较少，因此在体育小镇的建设中，房地产企业、建筑企业成为投资主体。该类企业的主要目的不是发展体育产业，因此造成了体育小镇在建设初期出现了政府债务风险、房地产化倾向等问题。

第三节　体育小镇建设面临的社会环境

一、优势（SS）

对体育运动本身进行分析，体育运动是增强人们体魄、提升人们健康水平的一项重要活动，并且体育运动为国家的发展做出了相应的贡献。体育产业的发展，是人类进步的一大标志，也是社会文明发展的内容。习近平总书记多次强调体育运动对人民健康、国家强盛的重要性。体育小镇建设是以体育产业的高质量促进全民健身、实现体育强国的平台，在推动人的全方位发展，形成健康、积极向上的社会环境，改善生态环境等方面具有优势。

二、劣势（SW）

体育产业的发展需要专业的人才，而体育小镇的建设则需要懂体育的高素质的综合型人才。但现阶段，受到高校体育人才培养模式的限制，尚未实现体育小镇建设所需人才与高校人才培养的对接，体育人才不足是体育小镇建设的一个重要的限制因素。在海外，成熟的体育小镇内均有专门的培训学校或高校，例如法国霞慕尼小镇拥有世界上第一所登山向导学校——法国国家滑雪登山学校（ENSA），还设有国家滑雪和高山警察培训中心、高山军校、高山医学研究所等相关的高山机构。这些机构的设置，充分证明了国外一些特色小镇建设已达到了相当成熟的阶段。国内需要理性看待这种差距,要做好体育小镇的定位与发展规划,不断缩小与国外的差距。

三、机遇(SO)

2016 年 8 月,中共中央政治局召开会议,审议通过《“健康中国 2030”规划纲要》(以下简称《纲要》)。该《纲要》要求在未来的 15 年内,切实推动健康中国建设的各项工作;将人民作为健康服务的主体,在发展理念上,不仅要推动开放,还要推动共享,推动绿色发展、协调发展。体育小镇建设是实现公共体育设施均等化、体育大国向体育强国迈进的举措。从特色小镇建设来说,体育小镇的主体功能更多地强调大众健康意义上的体育,也就是大众康体。大众康体是大健康意义上的体育,是公共卫生范畴,是社会健康文明发展范畴。大健康发展的时代背景,不仅为体育小镇的建设提出了要求,也为其提供了机会。

体育事业的发展受到前所未有的重视。随着全民健身纳入国家战略,全民健身便成为一项十分重要的任务。国家给予大力支持,要求到 2025 年,全民健身民众服务制度越来越优化,民众健身积极性进一步提升,经常参与体育锻炼的人数达到 38.5%,带动体育产业总规模达到 5 万亿元。

四、挑战(ST)

近年来,国家和各地政府采取一系列的举措促进人们参与体育运动,提高体育消费意识,虽然取得了一定的成效,但不可否认,受一些老旧思想的制约与经济条件的局限,当下人们的体育消费观念较为落后,体育锻炼的意识还不强,这也是国内多数体育赛事盈利小、外溢性收益差的主要原因。

从体育小镇建设的规划布局看,目前体育小镇的核心项目主要是户外项目和水上项目,以上项目对自然环境的要求较高,对土地资源、自然景观资源、水资源的利用都可能破坏生态环境。国家体育总局颁布的 3 个文件中,都提出了严控生态环境保护的底线,特色小镇的特色要体现为“小而精,小而美”。而在体育小镇的规划建设环节中,还必须考虑污染的治理与生态的保护问题,这给体育小镇的建设提出了新的挑战。

第四节　体育小镇建设面临的科技环境

一、优势(TS)

科学技术的进步给体育产业的发展带来了质的飞跃。运动员、教练员不仅可以运用科学技术改善其训练方法、提高其运动成绩,还可以利用科研人员研制的新一代跑鞋、球衣等帮助其提高运动成绩。体育场馆的预约、管理,体育赛事的组织、管理,新型材料在体育产地、器材中的应用等都表明,科学技术与体育的结合已经成为重大趋势。体育与科学技术的紧密结合,是体育小镇建设的技术优势。部分体育小镇以智慧体育项目为核心产品,吸引了众多的投资商和游客。

二、劣势(TW)

在体育事业的发展中,竞技体育与科学技术的结合更密切,但在全民健身、体育产业方面,科学技术的应用还不太广泛。在现有的体育小镇中,将科学技术融入体育小镇建设的不到10%。除了几个以智慧体育、电竞为主的小镇外,其他体育小镇均未提到如何将科学技术应用到小镇建设。

三、机遇(TO)

文化和旅游部印发的《"十四五"公共文化服务体系建设规划》(文旅公共发〔2021〕64号)提出,推动公共文化服务数字化、网络化和智能化建设,有效促进体育小镇这个新社区公共文化服务的智能化建设。伴随互联网技术的利用,互联网和智能化成为健身行业转型的发展方向。2018年使用健身App(软件)的客户达到了7 207.5万人,相比2016年增加了1.2倍。健身App的使用促进了人们养生锻炼的习惯,增加了人们对体育运动的兴趣,为体育小镇培养了潜在的客户群体。

电子竞技是电子产品与体育运动结合的典范。2003年,国家体育总局将电子竞技正式列为体育竞赛项目。2008年,电子竞技被列为第78号正式体育竞赛项目。在2018年雅加达举办的亚运会中,电子竞技成为一项表演节目。2020年底,亚洲奥林匹克理事会对外宣布,在亚运会正式比赛项目中,电子竞技项目也是其中之一。从2020年的游戏报告中了解到,国内电子竞技用户的数量很高,达到了4.84亿人。电子竞技的快速发展和庞大的用户为智慧型体育小镇的建设提供了动力。

数字化技术可以帮助体育小镇建设寻求更多的、更大范围的资源与能力聚合。如淮安体育用品制造业小镇利用数字化监管理念,增加了企业寿命、产品生命周期等。因为数字化可以提供之前很难明确知道的内容,如谁在应用产品,企业就能更直接地知道顾客对产品的体验和其价值需求;在供应链端和产业伙伴端,如果企业拥有数字化能力就可以根据供应链间数据、产业间的数据,使供应链和产业协同变得更加有效。为此,以体育用品加工制造为特色打造的小镇,融入数字化理念,开启了体育小镇建设新的发展模式。

四、挑战(TT)

科技进步影响范围广,也加快了人们的生活节奏。体育小镇可以在管理层面引入这些技术,这也为运营提出更高的要求。科学技术的进步会对人们的生活方式、消费结构、体育运动产生影响,对体育小镇的发展提出新的挑战。近年来,数字化开始进入并影响人们的生活,年轻一代已经不再根据菜单点菜,而是用手机 App 选择餐厅,日常生活的很多问题都可以在线上解决。一切事物都在不同程度上发生改变,有人说,人们生活在“一个不再熟悉的世界”,这个世界的基本状态就是“数字化生存”。为此,人们不可忽视体育特色小镇建设融入数字化的问题。由于疫情,各行业移师线上,一时间网上健身、体育线上教学体验频频出现,这提醒我们,在不确定性频繁发生的时代,数字化在我们未来的特色小镇建设中必将发挥重要作用。

小　结

在经济向高质量发展的新时代,体育小镇建设拥有带动经济发展的潜力、强有力的政策支持和科技在体育领域应用广泛等优势;存在着体育小镇建设基础薄弱、政策执行的有效性和连续性不强、对专业人才的要求高以及融入新科技的意识不强等劣势;面临着体育产业、全民健身、乡村振兴等稳固的经济与迅速成长的物质条件、科技自主等一系列利好的发展机遇;面临着旅游小镇、农村特色小镇、文旅小镇的科技产品投入大、要求高,体育小镇旅游成本高,人民参与意识不强,环境污染等的挑战。体育小镇建设应充分研判时局,抓住机遇,以问题为导向,扬长避短,及时制定、调整体育小镇的建设策略。

第六章　我国体育小镇的典型案例与比较研究

第一节　外培型体育小镇的主要举措与困境

一、太仓电竞小镇

太仓电竞小镇是国家体育总局首批 96 个特色小镇之一，被列入江苏省省级体育特色小镇名单。

2018 年“电竞”一词进入我国大众视野，它源于一场全球赛事，在该赛事中，国内赛区的 IG 战队，在 2018 年英雄联盟全球总决赛中获得第一名，至此，这项活动才由“不务正业”转为“为国争光”。2020 年，艾瑞咨询研究院提供数据表明，我国电竞市场总体将突破 1 400 亿元，用户接触规模将达到 5.2 万亿元。为此，一些地方以“电竞小镇”为载体，探索建设以电子竞技产业为主导，涵盖电竞主题公园、文化创意园、电竞学校、动漫产业、竞技赛事、直播、娱乐休闲、旅游、餐饮服务行业等若干领域于一体的新业态，由此带动区域经济的发展。目前上海、广州、杭州、西安等城市争相承办电竞赛事，在一些中小城市以“电竞小镇”为载体，加入电竞“赛道”，如重庆忠县、苏州太仓、湖南安宁和安徽芜湖等。但从小镇发展的进程看，情况并不乐观。安徽、湖南的电竞小镇已处于停歇状态。重庆忠县的电竞小镇地理位置偏远，场馆利用率低下，自小镇立项建设以来，仅举办为数不多的电竞赛事。即便处于一线城市杭州的数娱电竞小镇，尽管已经运营，但小镇的整体硬件设施仍处于建设中，尚未发挥电竞优势。相比之下，苏州太仓电竞小镇经过三年左右的初建期，在运营、资本融资等方面取得了一定的成绩。2019 年国家级运动休闲特色小镇试点项目交流培训班在山东日照召开，会上，江苏体育产业研究院刘院长分享了江苏体育特色小镇建设发展的情况时，将太仓电竞小镇作为案例来推荐，由此该镇受到社会广泛关注。

1. 基本情况

太仓是一个县级市,该地是一个电子竞技产业的集聚地,位于太仓市科教新城产业园内。太仓科教新城产业园建于2010年,主要为发展电子产业建设的产业园区,它并不是一个建制镇。其规划面积为3.55平方千米,小镇距离上海虹桥商务区50千米,驾车约40分钟,距上海虹桥国际机场约1小时车程。另外,长三角一体化战略也为太仓提供了新的发展机遇,自2003年始,太仓市政府就提出了接轨上海的发展战略。近年来,上海作为一线城市发力电竞,承接了一些世界级别的电竞赛事,是我国电竞市场发展较成熟的城市。目前全国大多数的电竞职业俱乐部聚集在虹桥区,但由于虹桥区地价昂贵,俱乐部运营成本高,太仓便成为各个俱乐部首选之地,在当地安排各种电竞职业培训。由于靠近上海虹桥区,太仓电竞小镇通过几年的努力,已形成了"电竞产业+电竞赛事+文创+培训"的发展模式。2017年,太仓电竞小镇取得了"江苏特色运动项目基地"的荣誉称号,次年,又取得了"苏州文化产业示范基地"的荣誉称号。2018年,太仓与嘉定、昆山共同打造协同创新核心圈,开启"同城时代"新篇章(图6-1)。

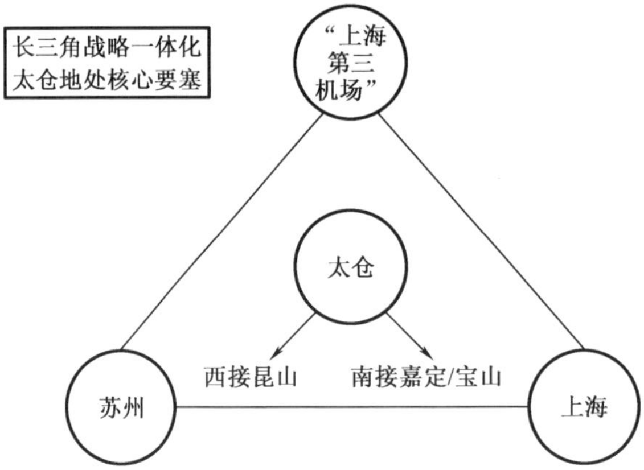

图6-1 太仓市的战略定位

2. 主要举措

(1)明确空间布局,进行合理规划

对于特色小镇的规划与建设,一个重点便是需要抓好空间布局,只有选择合理的布局设计,才可以让小镇形态显得更"精致与美好"。课题组成员实地调查结果显示，小镇在空间安排上，选定的是“一轴两核三区多点”的方案。太仓电竞小镇的整体规划如图 6－2 所示，整个规划简洁明了、目的明确，在考虑到小镇电竞产业布局安排的同时，充分结合小镇居民和外来消费者的实际需求，利用原有自然环境的优势，打造出一个宜居绿色的现代化体育特色小镇。其中“一轴”是指整个电竞小镇是以盐铁塘为轴线布局，“两核”具体指的是大学科技园电竞创意产业区与天镜湖电竞文化展示区，“三区”指的是除了以上“两核”之外，还增加了一个海运堤电竞综合体验区。在该小镇的北部，主要设有特效影棚、电竞主题影院、电竞馆、国家级商业配套设施、小镇风情街、各式餐饮店、篮球场及多样化的休闲娱乐设施等；在小镇中部，主要设有电竞总部、规划馆、电竞综合体、天镜湖公园。在大学科技园产业区中，还设有高校与培训基地、国信金融大厦、科技园、酒店等完备的设施。整个规划与设计以人为本，涵盖了电竞、旅游、运动健身、休闲娱乐、衣食住行等全方位的不同内容。

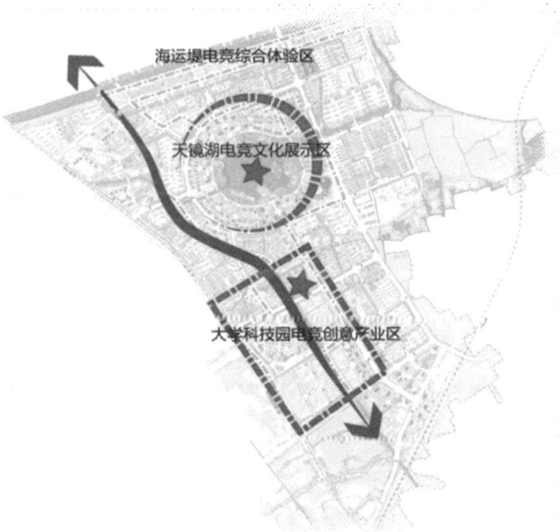

图 6－2　太仓电竞小镇的整体规划

（2）布局早，政策支持力度大

太仓市进入电竞产业的时间可以追溯至 2011 年，也就是在科教新城规划的阶段便确定了要打造电竞产业，并引入了游视网络科技有限公司。当时互联网并不发达，太仓皮爱优竞技网络科技有限公司（简称 PLU）经营惨淡，一度面临付不起房租的困境。太仓市科教新城向这家企业投资了 100 万元，并免费提供办公场所，而太仓市科教新城获得了企业10%的股权。太仓市科教新城党工委委员透露，为了鼓励企业发展，他们与PLU约定，如果公司在两年之内发展得好，他们退出；如果公司运营得不好，双方风险共担。也正是在政府的特殊政策和鼎力支持下，才让PLU渡过了难关，迎来了其大发展时期，为太仓的经济发展贡献了企业的力量。据了解，2015年太仓电竞产业增加值达2 124万元，产业税收贡献率达全区新兴产业的58.12%。2016年，住房和城乡建设部公布了国家建设特色小镇的通知，科教新城党委会与PLU共同谋划筹建电竞小镇。2017年，科教新城产业园区已集聚17家电竞企业，带动就业812人。情久俱乐部是一家规模较大的电竞职业俱乐部，入驻太仓不仅获得了较低的租金，还获得了政府的专项扶持基金。也正是因为电竞小镇良好的产业发展基础，才促使它入选国家级首批体育小镇建设的名单。

太仓市政府在贯彻落实国家、江苏省发布的关于促进体育小镇建设、体育产业发展的相关文件的同时，于2017年4月发布了《关于太仓文化产业跨越发展的意见》，指出"要加大体育文化产业资金投入，改进太仓文化行业发展的外部环境，推动全市产业转型升级，对文化产业给予资金保障、人才补助、财政减税等福利"。对于电竞企业的入驻，小镇给予了"二免三减半"的地租优惠，入驻人才公寓楼，给予产业扶持资金等多项举措，为电竞企业提供了实实在在的优惠政策。2020年1月，太仓市政府出台《关于推动太仓现代服务业转型升级创新发展若干政策》，提出"优先发展电子竞技产业等一批新兴体育产业，加大资金人才的扶持，在审批程序上要开设绿色通道，简化办事流程，提高产业发展效率，深入扩大集聚发展效应，给予福利资金的奖励"。

(3)投资力度大，集聚效应明显

2017年，太仓市政府决定5年内投资25亿元建设太仓电竞小镇。太仓电竞小镇作为江苏首创的电竞全产业链聚集区，截至2020年9月，已落户电竞核心企业68家，通过实地调查得知，小镇内的大学科技园已入驻40余家电竞核心企业，涉及业务包括赛事承办、电竞主播培训、产品研发、设备制造等多项领域。其中苏州灯笼果文化传媒有限公司承办了两届DOTA2国际邀请赛，反响热烈；而另一家楚州文化传媒有限公司旗下的直播平台则拥有1 500余名主播，涵盖面广，为平台带来了巨大收益。在品牌赛事打造上，小镇积极引入时下热门的英雄联盟(LOL)联赛、TGA大奖赛、王者荣耀职业联赛(KPL)等若干具有行业影响力的电竞赛事，吸引了一大批电竞爱好者，大幅度增加了小镇的客流量和知名度，同时也为小镇的休闲、娱乐、旅游、餐饮等多个周边服务产业带来收益。关于电竞产业链的建设，小镇坚持“一核多线”的建设思想，将电竞产业作为核心，其关联的区域也充分建设起来，同时带动小镇周边产业，整合各产业间的凝聚力，丰富产业的盈利渠道和方式，使体验者和游客产生二次甚至多次消费，提升小镇整体经济水平，为电竞产业链的持续发展提供有力支撑，也为多元化盈利形式提供方向。

2012 年至今，小镇举办了 TGA 大奖赛、FSL 职业联赛等，每逢举办顶级职业赛事，总是能吸引一大批外地电竞爱好者前往小镇观看。实地考察期间，课题组成员了解到在赛事举办期间，整个小镇平均每日的游客接待人数超过 2 万人，而这些人通过观看赛事所产生的一系列消费则带动了小镇旅游、餐饮、休闲娱乐等一批行业的发展。小镇除了引入影响力大的电竞赛事，还积极打造本土官方赛事品牌，如全国移动电子竞技大赛校园总决赛、NESO 全国电子竞技公开赛江苏选拔赛等多个获得社会各界好评的赛事活动。活动期间，小镇积极利用抖音、微信、微博等网络自媒体全方位地宣传小镇，通过有奖网络投票的形式评选小镇宣传标志，进一步扩大了电竞小镇的知名度。此外，小镇还将电子竞技和邮轮旅游结合，选择在游轮上开展电竞嘉年华赛事，为这一地区的电竞产业的盈利模式开辟出一条新途径，促进了产业经济的发展（具体赛事见表 6－1）。

表 6－1　太仓电子竞技特色小镇举办赛事类型（2016—2018 赛季）

职业赛事名单	官方赛事名单
CEFL 中国足球电竞联赛、穿越火线、街头篮球、FIFAonline 3 职业联赛、TGA 大奖赛、“使命召唤 OL”赏金大奖、EA 冠军杯选拔赛、穿越火线国际邀请赛 CFGI	移动电子竞技大赛校园总决赛、海峡两岸大学电子竞技大赛、全国电子竞技公开赛、游轮电竞嘉年华

（4）注重人才的集聚和人才培养

任何一项职业体育项目的成功运作，都有其独特的商业模式体系。从纵向角度看，电子竞技项目需要上游的游戏开发，中游的电竞赛事运营，下游的电竞产业开发等，而这些活动最终能够得以实施，依靠的均是有关的专门人才。按照 2019 年国内电竞行业报告，这类领域，人才缺口是十分显著的。截至 2018 年末，我国电竞有关行业从业人员中，电竞生态从业人员大约 7.1 万人。从调研中了解到，太仓电竞小镇通过制定多项福利政策吸引外来人才入驻，譬如：免费提供高标准设施的人才住房、报销外来人才往返路费、人才家属就业帮助等，这一系列措施极大地提升了外来人才的凝聚性和归属感。与此同时，小镇重视后备人才的培养。小镇内的钛度电竞教育公司是具有电竞培训资质的民办电子竞技职业技能培训学校，构建了具有自身特色人才培养及选拔体系，通过多方渠道吸纳了具有潜质的各类电竞后备人才加以培养；选入学校培养的人才，其一切费用均由公司与政府共同承担，这一举措极大地解决了后备人才的经济负担。据统计，从2015年到2019年初，该公司的电竞选手由5人发展到30人，而且还在持续增长，从钛度电竞教育公司毕业的学员，在不同级别的比赛中崭露头角，学校的声誉也因此日益提升。除了常规的电竞俱乐部人才培养，钛度电竞教育公司积极与院校合作（图6-3），在周边多个学校开设电竞课程，有关大学专门设置电竞专业培养专门的人才。如钛度海域健雄职业技术学院签署协议，对电竞人才的培养给予了支持。2019年苏州健雄职业技术学院在招生中，不仅设置了电竞专业，还设置了专门的健雄天镜湖电竞学院和电竞培训中心，这些举措为学员发展提供了坚实基础，这些学生毕业后可直接进入小镇的电竞行业工作。从人才培养方案、课程设置看，专业人才培养内容并不局限于电竞选手，而是涵盖了电竞俱乐部管理、电竞市场运营策划、电竞产品设计等多个领域。太仓电竞小镇在人才培养方面，一方面立足现有电竞人才的使用，让他们迅速投入电竞产业中去；一方面，校企合作着力培养后备人才，确保电竞小镇未来发展所需的各方面人才供给，为小镇可持续发展提供人才保障。

图6-3　培训基地外部实景

（5）配套设施齐全，环境优美

公共配套服务设施是满足小镇居民生活质量要求和外来消费者良好体验需求的重要条件。除了建设高质量的小镇电竞产业设施用来保证电竞产业的稳定发展外，小镇在公共配套服务设施的建设上也投入了大量资源。按照原定规划将设施主要集中在电竞体验区等三大区域，包括太仓风情水街、泰和商业综合体、沿沪生态湿地公园、复星文旅项目基地、天镜湖公园等。太仓电竞小镇公共配套服务设施建设情况如表 6－2 所示。

表 6－2 太仓电竞小镇公共配套服务设施建设情况

设施名称	规模/万平方米	建设内容
太仓风情水街	20	休闲娱乐、特色餐饮、旅游、体育健身
泰和商业综合体	1.3	高端酒店、消费购物、承办大型活动
沿沪生态湿地公园	166.6	郊野休闲、生态防护、景观观光
复星文旅项目基地	35	旅游综合体、综合性文旅项目
天镜湖公园	52	标志性景点、休闲健身综合区

太仓风情水街主要建设于海运堤电竞综合体验区，是国家级特色商业街，一期为中式风格，拥有精致中餐厅十余家；二期定位为简欧风格，集聚了德国、意大利等多国特色餐饮，以及电竞主题影院式 SPA 等休闲娱乐项目；三期海运堤体育公园是多功能大型综合类体育健身场馆。目前整个三期都已建设完成，可以满足小镇居民和消费者对衣食住行的全方位需求。

泰和商业综合体位于天镜湖北岸的核心地段，其目标是建成高品质的五星级酒店和商业综合体。该综合体自 2018 年奠基动工以来，已经建设完成的铂尔曼酒店多次承办电竞交流活动和省市级政府会议，其贴心的管家式酒店服务和优美的环境给消费者带来舒适周到的体验，而完成二期建设的泰和华发广场则为周边人群的购物带来便利。

沿沪生态湿地公园占地约 2 500 亩（1 亩≈666.7 平方米），建设有生态湿地、汽车公园等多个功能区域，包含汽车营地、开心农场、亲子工坊、湿地花海等多个休闲旅游项目。每逢假期，都会看到很多游客前来游玩放松，公园的环境和设施非常适合全家人出游，优雅的环境、新鲜的空气让游人在观光的同时可以小憩，切身感受自然的美好。公园未来的发展方向将成为集生态防护、体育休闲等多种功能于一体的复合型林带。

复星文旅项目基地位于太仓市科教新城板块，紧邻沪通高铁太仓南站，结合高铁站现代化理念，将人文、商业和高铁交通融合，打造国内高端的旅游休闲娱乐区域。该项目基地的主要建设板块分别为地中海欧洲风情小镇、精品主题酒店等综合性文旅项目，最终形成华东区域有影响力的旅游购物胜地。

天镜湖公园是国家 3A 级的标志性景点（图 6－4），目前已建成临湖观景区、天镜湖广场、湿地公园、亲子游乐园、规划展示区、康体活动区、生态岛七大休闲区域。公园集生态旅游、休闲娱乐于一体，沿湖有休闲中心、生态公园，还设置有雕塑广场等;湖区内部设置有喷泉、码头,天气晴好时,总会看到环湖慢跑和骑行的人群。公园为都市公共开放空间,较好地突出了公共性,也让城市空间得到了更好的释放,给人们的生活带来了美好体验。对于这些场所,人们的认同感十分突出。在考察期间,笔者深刻地意识到该地民众的幸福感,其满足和愉悦溢满脸庞。一位在此生活多年的外来者告诉我们,这里是她想安心落户生活的地方。之前这位受访者曾在广东、陕西、广西、重庆等地生活过,她的朋友在这里落户后,与她分享了这里的环境、人文关怀、交通等生活条件、就业情况,这位受访者便辞职,全家移居太仓,很快找到工作,融入了当地的生活。

图6-4　天镜湖公园外部实景

太仓电竞小镇地处长三角核心地区,能够享受到优质的科技资源,同时小镇紧邻我国电竞核心发展地区——上海,在相关技术发展上能受到其强大的辐射效应,同时很多高新技术企业也愿意入驻,这就在很大程度上为小镇的发展提供了必要的技术环境。太仓电竞小镇还关注了网络平台的建设问题,设置了公共微信平台,在平台内采用虚拟影像技术,使广大用户可以身临其境地了解整个电竞小镇的全貌,同时将小镇的餐饮、购物、休闲娱乐、酒店等商家的联系方式公布出来,便于游客直接线上预定。2020年,受疫情的影响,很多电竞赛事难以举办,太仓电竞小镇则采用虚拟影像的技术,实现在直播画面中让参赛队员、解说、主持人等完全置身于合成的比赛大厅,能够让参赛队员更好地沉浸在比赛之中。小镇通过高清的5G技术,为很久没有看到电竞赛事的爱好者带来了一场视觉盛宴。

3. 面临的困境

(1)电竞行业发展受限

2018年,针对儿童青少年近视防控问题,教育部等部门发出了指导方案,要求针对网络游戏总量给予一定的约束与管控,控制增加网络游戏上网运营的个数。文件一经发布,多家电竞企业的公司市值一度缩水。2018 年 1—6 月,中国游戏产业的增速为三年来首低,仅 5.4%,相比过去三年同期 30% 的增速明显降低。2013 年,英雄联盟赛事曾在太仓举办,最后的决赛现场,400 个席位却挤满了 800 多人,这场赛事让电竞迷们记住了“太仓”这个名字。不过英雄联盟赛事在太仓仅维持了一年,原因是游戏厂商希望这种类型的赛事在北上广等一线城市开展,这样影响力更大、受众更多! 受到游戏厂商经营决策的影响,小镇引入的赛事基本都是规模较小、影响力不大的赛事,这也是小镇发展面临的主要困境。

(2)配套设施、服务能力与高质量建设的要求还有一定的差距

太仓虽与上海、苏州、昆山的距离近,但目前交通方式单一,仅有公路、铁路。在实地考察中,课题组成员了解到电竞小镇内仅有两条线路通往太仓市区,小镇内部各区域之间相距都在 5 千米以上,区内没有开通可以直达的公交路线,这就给出行带来不便。课题组成员前往小镇调研时没有开车,从一个区转到另一个区,深切体会交通不便带来的各种麻烦,直接影响其游玩的心情。课题组成员在小镇遇到一家来自东北的游客,他们抱怨乘车不便,慕名而来却扫兴而归,在这里没有自驾车,大量时间花在路上。区内交通不便,也会造成各功能区域之间人员流动和联系的减少。在配套设施上也存在让游客不满意的地方。课题组成员在与小镇当地居民丁某和外地消费者王某访谈时,两位受访者同时表示小镇内的衣食住行一应俱全,但体现公共服务的周到和细致上仍有待提高,如天镜湖公园内环境优美宜人,是观光休闲的绝佳去处,但在景点内没有看到供人休息的长凳等设施,并且很多地段没有指示标牌。再比如,进入小镇核心区域海运堤电竞综合体验区,整块区域能在规划设计上充分考虑到建筑布局的科学美观,然而在电竞小镇的宣传上未能有效利用措施,例如宣传标语、横幅、道旗、电竞卡通人物雕塑等一系列能起到直观宣传作用的方式,均未体现出小镇的电竞元素。整个电竞体验区只有简单的几栋建筑,全然没有给人眼前一亮的感觉,这就容易形成小镇外居民和外来游客不知道有电竞小镇的尴尬局面,给电竞小镇整体建设和发展带来不利的影响。

(3)专业人才的“量”和“质”均无法满足需求

据 2021 年 1 月人民日报微博的报道,我国电竞人才缺口达到了 50 万人,这个数字意味着我国电竞产业人才数量显然无法达到行业发展的需求。在实际调研中,课题组成员与电竞战队工作人员张某和电竞选手刘某交流后得知,小镇目前的主要从业管理人员多数是由退役后的电竞选手担任的,他们拥有一定的电子竞技实操能力,但对电竞产业运营、赛事筹办等缺乏经验与专业基础知

识,对小镇的未来产业发展定位、经营思路、产业链打造等难以把握,这就导致后期小镇可能会逐渐变成电竞选手实训基地的单一运营模式,与小镇建设初衷大不相同。电竞小镇在复合型专业人才培养上虽然采取了一些办法,通过专业培训和高校培养的形式解决人才短缺的问题,但人才培养需要一定的周期,短期内小镇仍将面临这一难题。另外小镇在建设初期也需要大量的基层工作人员,为了加快小镇建设的进度,应该对这些从业人员开展业务培训,但从现场调研中了解到,目前并没有开展系统的专业培训,现有从业者的工作水平和综合素质仍存在参差不齐的问题。

(4)小镇建设资金短缺,过度依赖政府单方拨款

无论是小镇的各种场馆设施建设还是与电竞相关活动的举办等都需要大量资金的支撑,充足的资金保障是小镇能够长远发展的必要前提。据了解,整个小镇计划总投资约为60亿元,截至2017年底已经完成了31亿元的投资建设,而单单一个天镜湖电竞产业园就需要10亿元的资金,巨大的资金需求使得当地政府顶着不小的财政压力。针对资金不足的问题,太仓电竞小镇曾尝试采取PPP的模式,即政府与企业合作,共同承担小镇建设运营的成本和风险,而这种融资模式在我国体育小镇建设中的运用时间不长,加上采纳这种模式需要充分考虑到对当地民众产生的各种影响,它涉及面广,牵扯的利益点复杂,稍有不慎就会造成多方责任不清的负面影响,为此,小镇目前的融资方式仍主要以政府拨款为主。

(5)未充分利用当地传统特色打造小镇IP,小镇特色IP塑造力度欠缺,品牌"劲爆点"缺乏

太仓电竞小镇是太仓政府重点扶持建设的项目,以电竞产业作为核心产业发展,在区域规划上是以电竞赛事为主要特色,结合当地旅游资源、人文经典、传统美食等优势共同打造。在未来目标定位上,小镇尝试提升电竞行业发展方式,联系与电竞有关的直播、培训、线下互动、电竞周边产品消费等共同发展。然而就实际情况来看,小镇目前还未能将电竞产业与太仓市内的环境旅游资源、人文景观有机结合,前来小镇的游客往往是冲着电竞赛事而来,而对当地的旅游景点等兴趣不高,造成小镇特色IP塑造单一。而举办一场大型的品牌赛事投入过大,不可能每天都有比赛,导致小镇品牌的影响持久性短。太仓有着丰富的旅游资源,如沙溪古镇、天镜湖公园、太仓郑和公园等都是当地著名的风景名胜,但电竞小镇并没有积极利用好当地丰富的资源条件,使得"电竞+"模式停留在纸上、口头上,迟迟未能实现。电竞小镇的核心即电竞赛事,单一重复地引入赛事与其他同类型小镇容易出现同质化。事实上电竞小镇想要做出特

色，打造属于自己品牌的“劲爆点”，在激烈的竞争中立于不败之地，不仅要着力开创具有影响力的本土品牌赛事，获得更多的关注度，还要思考建设“电竞＋”的切入点和具体措施，如让电竞与旅游结合起来，与休闲结合起来，发展新的思路，创新多元化的电竞小镇发展模式。现在的太仓电竞小镇还停留在初步运营阶段，如何将电竞与当地丰富的资源融合，与其他不同行业发生“化学反应”，产生具有很强吸引力的“劲爆点”，是小镇后期发展要重点探索的任务。

二、宿迁晓店时尚体育小镇

宿迁晓店时尚体育小镇是江苏省于2016年公布的第一批省级培育小镇。

1. 基本情况

晓店街道宿迁晓店时尚体育小镇位于宿迁市宿豫区下辖街道，由湖滨新区代管，是宿迁市滨海新区的重点核心区域。晓店镇在2006年被规划整建入湖滨新区。2021年3月，晓店撤镇建街道，之前一直是独立的建制镇。晓店镇历史悠久，其青墩遗址更是被纳入重点文化保护单位。小镇的自然资源丰富，是宿迁市最北部唯一的丘陵山区，早在2011年就获评江苏省自驾旅游基地。小镇内有235国道、迎宾大道等重要道路，距离宿迁火车站20千米、徐州观音机场65千米、京沪高速公路55千米、京杭大运河8千米，交通便利。

近年来，宿迁市产业结构调整明显，从2018年开始，第三产业的占比达到46.8%，超过第二产业，成为小镇的主导产业。宿迁2019年GDP达到3 099.23亿元，人均GDP达到62 840元，略低于全国水平。同年全市城镇化率高达61.1%。

2. 主要举措

(1)加强重视力度，提供组织保障

在体育特色小镇名单中将晓店镇纳入之后，在市、区体育部门的正确指导和大力支持下，晓店镇重新设置了领导机构和更高效率的组织班子，由党委书记担任组长，由镇长担任副组长，其他班子成员组成管理小组，为成功创建体育小镇提供了较好的组织保障。领导小组从体育产业引领资金申报、体育产业发展政策执行的开发、体育健康产业三年规划的编制、体育健康项目的谋划、辖区体育企业服务等方面着手，促进小镇体育产业的发展。

(2)加大体育硬件投入，完善配套设施建设

晓店镇的建设成功得益于“宿迁城市新中心”及湖滨新区的定位及相应的投资建设，晓店镇的城市环境和体育基础设施建设较完善。辖区内共有体育场馆5个、体育公园2个、沙滩运动场1个、温泉休闲运动区1个、高尔夫球场

1 个、马术俱乐部 1 个，景区有自行车赛道 40 多千米、景观公路自行车道数十千米、自驾游基地 1 个、汽车越野基地 1 个、“生态四项”赛基地 2 个、社区健身广场 46 个。体育产业发展基础扎实。小镇投资 600 万余元构建群众体育公园，公园面积达到了 3 000 多平方米，内含笼式足球场、篮球场、乒乓球场等；建成了 500 平方米游泳场馆；设置了 2 000 米健身步道；在镇周围，还耗费了 1 500 万元，设置了街角体育公园，总计有 5 处；还针对一些老旧体育公园开展了改造。为了满足人们的文化需要，还专门设置了文化服务中心，可以更好地为镇内人民群众提供健身、舞蹈、书法等文化体育服务。与此同时，小镇还对一些老旧的健身场做了改造，集中采购 38 套健身路径。2018 年，小镇获得了 2 000 余万元总投资，建设了新时代体育健康广场（表 6－3）。

表 6－3　晓店镇体育设施清单

体育设施点位	设施类型	场地面积/平方米
宿迁市奥体中心	体育会场	464 868
骆马湖乡村高尔夫球场	体育休闲会所	1 798 200
三台山森林公园	体育赛道	106 452
骆马湖马场	体育休闲会所	56 022
晓店镇文化站	体育健身中心	500
晓店镇体育健身广场	健身广场	3 000
晓店医院	健身路径	180
晓店三角广场	健身路径	56
晓店法治广场	健身路径	48
运河雅居	健身路径	50
新城家园南苑	健身路径	46
七彩新城	健身路径	45
学府人家	健身路径	32
湖滨蓝郡	健身路径	42
中德度假村	健身路径	38
湖滨 1 期	健身路径	32
湖滨 2、3 期	健身路径	28

表 6－3(续)

体育设施点位	设施类型	场地面积/平方米
夏阳银湖	健身路径	36
御湖澜桥	健身路径	36
府苑小区	健身路径	51
鸿润盛景	健身路径	55
湖滨花园南苑	健身路径	56
湖滨花园北苑	健身路径	60
海纳名人雅苑	健身路径	48
洋河滩小区	健身路径	48
碧水山庄	健身路径	50
陆庄小区	健身路径	42
新城家园北苑	健身路径	38

(3)举办特色体育赛事,营造全民健身氛围

2017 年,晓店镇承办江苏省体育局多项国际体育赛事,并成功举办了一系列全民体育健身活动。宿迁市融合了体育生态文明、体育精神,开创了“生态四项”公开赛,这也是其原创赛事。该项赛事自 2013 年创办,截止到 2020 年 9 月,已成功举办了 8 届比赛,其不再是 C 级赛事,而成为国际 A 级赛事。2019 年该赛事吸引了 14 个国家及国内 22 个省市近千名运动员参赛。2020 年受疫情影响,赛事仅接受国内运动员报名参加赛事。2015—2019 年在江苏十大品牌赛事的评奖中,“生态四项”公开赛位列其中。2016 年,“生态四项”被纳入国内体育旅游精品赛事。2017 年,“生态四项”还成为经典品牌案例,入选了高校教材。2017—2019 年,“生态四项”连续取得了“十佳精品赛事”的荣誉称号。2018 年,小镇举办了 14 项大型体育赛事,如青少年高尔夫俱乐部巡回赛、马术邀请赛和第七届百千米环湖大赛等;多次举办重大赛事的培训工作(表 6－4)。同时,晓店镇每月都会举办群众大规模文体活动,如千人跑,拔河比赛等。2019 年,全镇累计开展小型体育赛事的数量超过 200 次。

表 6－4　晓店镇 2017 年重大赛事、活动培训开展次数及参与人数汇总表

序号	赛事名称	次数/次	参与人数/名	举办地点	饮食消费/万元	住宿消费/万元	体育用品消费/万元	旅游观光消费/万元	拉动消费总计/万元
1	青少年高尔夫球俱乐部巡回赛	1	235	骆马湖高尔夫球场	15.3	21.2	11.8	13	61.3
2	中国（宿迁·骆马湖）生态四项赛	1	2546	湖滨浴场	86	81.3	75.6	65.2	308.1
3	第七届骆马湖环湖百公里毅行大会	1	15291	园博园	256	373	118.3	121	868.3
4	晓店镇第三届“达利杯”广场舞大赛	1	2200	园博园	75	98.2	56	87.3	316.5
5	晓店镇迎元旦“达利杯”四项文体赛	1	253	工业园内	3	5	2.5	1.3	11.8
6	中国·宿迁金秋环骆马湖骑行大会	1	3000	骆马湖	56	78.5	68.2	45.1	247.8
7	宿迁市湖滨新区三台山森林公园户外运动节	1	3451	骆马湖三台山	62.1	78.2	58.4	73.1	271.8
8	江苏宿迁市湖滨区电商产业园首届户外登山节	1	3320	骆马湖三台山	75.2	71	64.3	81.1	291.6
9	“项王故里杯”健身健美公开赛	1	1320	骆马湖三台山	43.1	34.2	24.5	51.3	153.1
10	2017 宿迁·中国青少年高尔夫未来之星 U18 赛	1	487	骆马湖高尔夫球场	25	24.1	13.2	15.6	77.9
11	自行车定向越野挑战赛	1	2320	骆马湖三台山	65.3	75.1	71	63.1	274.5
12	2017 年宿迁市二级社会体育指导员技能培训	1	105	晓店镇各培训服务站点	—	—	—	—	—

表 6-4(续)

序号	赛事名称	次数/次	参与人数/名	举办地点	饮食消费/万元	住宿消费/万元	体育用品消费/万元	旅游观光消费/万元	拉动消费总计/万元
13	2017 年江苏省一级社会体育指导员技能培训	1	5	宿豫区全民健身中心	—	—	—	—	—
合计		13	34 533	—	—	—	—	—	2 882.7

备注:数据来源于晓店镇政府。

(4)孵化培育体育组织,充分发挥协会作用

目前晓店镇共有广场舞协会、骆马湖全民健身协会、晓店徒步协会、洋河滩垂钓休闲俱乐部、晓店篮球协会等社会组织 9 个,总会员数 942 人。小镇严格把关社会组织申报及审批流程,统一规划社团规章制度;出台相关社会组织政策扶持文件,制定量化考核奖励机制,解决体育社团资金不足的问题;搭建专家交流平台,探索体育事业、体育产业发展的新机遇。充分发挥协会的组织优势,激发社会组织的活力,逐渐实现由“政府组织”向“政府服务”的转变。

(5)PPP 运作情况

晓店镇在运作层面,采取的是资本运营的方式,即政府与社会资本结合在一起,实施 PPP 模式,真正发挥企业的主体作用。晓店镇的公共体育设施的投入主要由政府部门完成,对于两个经营性的项目跑马场和骆马湖景区的管理和投资运营主要由专业的公司投资。截至 2019 年 4 月,晓店镇拥有 11 家体育企业,年度总产出共计 23 422 万元。小镇仅有两家体育用品制造商,且是提供低端体育零部件,其余企业均为体育用品加工,诸如运动裤、球帽等代加工,目前没有自己的品牌,缺乏市场竞争力和龙头带动作用。

3. 存在问题

晓店镇缺少整体规划。自 2016 年晓店镇入选省级体育小镇后,小镇建设并未出现较大的改变,现行经营方式的有效性不高,小镇发展未能根据进程进行适度调整。从小镇最初的建设规划看,发展思路尚未打开,缺乏高远的全面规划。小镇投入主要在承接赛事、场地设施建设上,课题组成员在考察中发现,小镇未来建设定位不清晰,对推进计划、核心产品打造、体育企业的规范等未进行全盘的思考。另外,小镇体育产业与旅游业的融合不够。晓店镇以旅游资源

为主,引入体育赛事,但小镇缺乏体育产业的集中建设的核心区,游客可参与的各项运动项目场地相距较远,没有建立便捷有机的联系,没有综合宣传展示小镇各项体育旅游活动及服务设施的游客接待中心。

三、江阴新桥马术小镇

江阴新桥马术小镇入选第二批全国特色小镇、江苏省第一批体育小镇。

1. 基本情况

新桥镇位于江苏省江阴市东南部,处于长三角的中间区域,距离江阴市区27千米,距离无锡、常熟均为30余千米,距离苏州、常州各60千米,与张家港市区毗邻。该小镇的特色便是“马”。截至2020年底,该镇在公共财政支出方面,向基础建设层面倾斜,实现了15个小区、55个健身运动场的建设。2018年,新桥镇入选中国最美特色小城镇50强。2018年通过卫生县城(乡镇)复审,2020年9月8日,新桥镇入选2019中国乡镇综合竞争力100强。

2. 主要举措

(1)形成“马”特色,运营以企业为主体

海澜集团与阳光集团为世界知名企业,这两个集团都坐落在新桥镇。除此之外,四环生物、凯诺科技、阳光集团3家A股上市公司也坐落于此。2013年,新桥镇的人均GDP就达到了3.5万美元,是典型的轻工业小镇。马术俱乐部的引入主要是海澜集团公司领导的发展战略。曾任海澜集团董事长的周建平认为:“马术俱乐部是艺术表演的平台,也是弘扬与表达海澜文化的平台。海澜企业的发展,并不需要马术俱乐部提供利润,这个俱乐部,不逐利才显得更为高贵。我只是想以马会友,并不打算以马来赚取利润。”对于马术与海澜的关系,周建平说:“未来要打出高端马品牌,但那是等同于奢侈品的定位,目前并没有到达那样的境界,既然如此,就埋头积蓄实力,要做就要一鸣惊人。到那个时候,与马相关的产品,如服装方面的品牌,海澜是可以参与其中的。”他认为马是海澜皇冠之上的明珠,是一个闪光点。因此,马术运动的发展主要由境内的海澜集团进行投资、建设。

(2)政策扶持到位,投入力度大

新桥镇设置了专门的领导小组,江阴市政府,江阴市体育局,新桥镇党委、政府给出了三级扶持政策。江阴市政府给予新桥镇政府3年3亿元专项补贴。马术运动小镇的核心区——飞马水城项目已基本建成,建设用地享受市重点重大项目扶持政策,按最低保护价每亩224万元挂牌出售。

(3)高标准建设马术运动特色基地,打造完善的产业链

新桥镇对与"马"有关的追求,凸显很大特色。海澜集团打造了特色休闲旅游区和马术表演运动基地,打造的项目中不仅融入了马术训练、表演与比赛,还融入了体育文化与旅游。江阴市政府也给予高度重视,将项目作为扶持产业,给予大力支持。在规划层面,江阴市政府希望小镇经过一定阶段的发展之后,可以形成相对完善的马文化,打造精品的马术运动表演,形成群众基础良好的综合性基地,形成一个以"马"为核心的基地。2008—2020 年,海澜集团投入了庞大资金,约 30 亿元,先后建设了马术表演馆(图 6 －5)、训练馆、比赛馆,马文化博物馆与马术俱乐部。周建平骄傲地说:"全世界中的 60 多种马都可以在海澜国际马术俱乐部找到。我手中的马匹数量有 400 多,其中 50 匹可以拿出来用于培养,50 匹用于接待游玩,100 匹用于展览,剩下的 200 匹可以通过表演来展示其特色。"此外,海澜国际马术俱乐部还拥有 3 匹汗血宝马。在马术盛装舞步表演活动中(图 6　6),观赏人数超过了 20 万次。2012 年,吉尼斯世界纪录中,以最大规模团体盛装舞步表演的名义,将海澜马术纳入纪录。目前小镇保持 4 项与马有关的吉尼斯世界纪录。马文化博物馆对公众是免费开放的,一年中的接待人数超过了 10 万次。2009 年,江苏省马术队便选择在这里训练。2011—2016 年,海澜国际马术俱乐部被国家体育总局列为旅游十佳精品景区,且这个称号持续了 6 年。

被评为省级体育小镇之后,马术旅游景区的项目建设与发展得到了有力推动。在 15 亿元资金的支撑下,马儿岛度假酒店、海澜文化中心、威尼斯水城等先后兴建完成,休闲娱乐配套不断得到完善,马术文化与景区的影响力得到了扩大,并形成了以马术为核心的一套产业链。

图 6 －5　馆内马术表演

图 6 –6　盛装室外马术表演

1 号与 2 号马术训练馆(图 6 –7)的建筑面积共 31 000 平方米,投资 1.2 亿元,是亚洲规模较大的横式训练场馆,是江苏马术队的训练基地。

图 6 –7　马术训练馆

(4)健身设施配备足,全民健身意识强

新桥镇一直重视全民健身工程,2010 年,国家体育总局便高度评价该地区的发展,并将其评选为“乡镇体育健身示范工程”。2011 年小镇投资 5 000 万元,建成新桥镇体育运动中心,拥有体育馆、室内游泳馆和标准塑胶田径场等多个健身活动设施。小镇在发展特色上,还打造了一个“十分钟健身圈”的思路,按照高规格水准,设置了相应的健身装置。绿园广场、民乐广场等成为群众健身活动点。2020 年,新桥镇的 15 个小区中,仅运动场所便达到了 55 个,整个体育活动场所的面积超过了 1.5 万平方米,从人均占有面积数据上看,已经超过了全国人均水平。体育中心的游泳馆由新桥镇体育健身俱乐部进行社会化管理,运行情况良好。除了传统体育管理活动外,一些户外体育、休闲体育也得到了发展，如健身操、乒乓球、篮球、游泳、自行车骑行、骑马体验等日益赢得人们的青睐。新桥镇已成立俱乐部 3 家，一些单项协会的数量也达到了 12 家；还设有台球厅 2 家、马术训练馆 1 家、游泳馆 1 家、跆拳道馆 3 家、轮滑培训班 3 家、健身馆 2 家。无论是在民间组织，还是在企业，抑或在基层社区，体育活动都十分丰富，直接推动了体育消费市场的迅速成长。

依托海澜国际马术俱乐部连续两年举办马术三项全能赛，体育竞赛表演市场发展迅速；2017—2019 年，马术表演馆每年演出近 50 场，接待观众 3.5 万人次。2017 年新桥镇新增体育企业 6 家，届时体育企业达 37 家，从业人员达 1 200 余人，体育用品销售市场发展迅速。此外，新桥镇社会体育指导员培训工作发展迅速，俱乐部、单项协会等都利用各种资源开展各种形式的培训。2014 年以来新桥镇开展全国马术三项赛、全民运动会、社区文化体育节等重大赛事活动达 23 次，参与人数达 42 000 余人次。2017 年开始规划建成投运新桥生态体育公园，打算在这个生态林中，兴建绿色健身跑道，沿途设有健身驿站，切实发挥生态道路，承办半程马拉松活动，通过体育赛事的举办，强化体育活动的影响力。

(5)培育新的"消费点"，增加吸引力

新桥镇除了将马术运动做精、做强，提升游客的体验外，新桥镇政府制定了阳光生态体育旅游开发规划方案，在泰清河畔原址重建明清特色老街，再现历史风貌，并将其打造成为传统美食和民俗文化汇聚的旅游景点。该项目占地 13.97 亩，建筑面积约 9 700 平方米，投资总额超过 1 亿元。设计主体是江苏建筑园林设计院，当下已实现了拆迁征地工作，土地出让顺利完成，并在 2017 年正式动工。重建的神华寺目前已经投入运营，成为阳光生态旅游度假区重点观光区之一。两个重点项目的投入，增加了新桥镇的吸引力和游客的停留时间，增强了游客的现场获得感。

3. 存在问题

(1)小镇的建设缺乏体育产业的总体规划

新桥小镇的规划建设应围绕马术运动开展的集马术产业规划、生态环境保护策略、居民区建设的整体规划，而不仅仅围绕马术俱乐部如何运营、飞马城如何建设。马术小镇作为一个整体的区域进行建设，政府要发挥统筹布局、协调建设的作用，而不能完全交给海澜集团。对于海澜集团而言，他们发展马术俱乐部的最初目的不是盈利，而是为了企业的发展战略考虑，为此，他们不可能从小镇建设的战略高度考虑如何规划建设体育小镇，这就需要当地政府部门充分发挥统筹规划的作用。只有对体育小镇进行整体的规划，马术小镇的建设才不会局限于培训基地、房地产建设等单项建设上。

(2)"地产化"倾向严重,体育特色不突出

江苏省是最早开始体育小镇建设工作的省份。2016 年 10 月公布的第一批省级培育名单中,江阴市新桥马术小镇作为第一批入选的小镇,在 2018 年江苏省体育局组织的审核评估中,在现场考核和综合考评两个方面都获得第一名,以 91.7 的高分通过考核。新桥马术小镇的马术特色非常突出,在其他小镇面临找不到投资商的时候,其资金投入完全不是问题。但从后续的规划建设看,小镇将马儿岛度假酒店、威尼斯水城、海澜文化中心作为建设的重点,有些本末倒置,而正是借助体育小镇建设的机会,海澜集团才获得政府的土地优惠政策的支持。2020 年 8 月,合并后的省级特色小镇名单中,新桥马术小镇未在名单中,按照江苏省发展和改革委员会的通知要求,该马术小镇被取消。

第二节　内生型体育小镇的主要举措与困境

一、日照奥林匹克水上运动小镇

日照奥林匹克水上运动小镇是国家发展和改革委员会办公室公布的第二轮全国特色小镇典型案例之一,是国家体育总局培育的第一批体育小镇之一。

1. 基本情况

日照奥林匹克水上运动小镇是为数不多的依靠城市资源建设而成的体育小镇,试点项目的具体位置,是在万平口区域,总规划面积 9.2 平方千米,核心区域面积 4 平方千米,周边常住人口 12 万人。优越的地理位置,使其成为全国唯一能够同时举办海上和水上运动项目的小镇。日照奥林匹克水上运动小镇能够迅速引起人们的关注,成为特色小镇建设的典范,得益于城市决策者十多年的谋篇布局、深耕细作。日照奥林匹克水上运动小镇得到了国家体育总局的认可,被认定为国家级健身基地、国家游泳跳水基地、沙滩排球训练基地、水上运动训练基地等。

2. 主要举措

(1)高标准、高要求,打造水上运动之都

以前的万平口,到处是废置的养虾池和荒草滩涂。2003 年,日照市委市政府重新规划,因地制宜,将日照打造成"水上运动之都"的城市"会客厅"。高标准地对万平口水域进行治理、规划,建设配套设施,建成国际级帆船运动水域,提升了整个城市的等级。从 2004 年开始,日照市政府、日照市体育局开始积极

承办国家级、国际级的赛事,最初是以帆船项目开始的。截至 2005 年,万平口举办了欧洲级帆船世界锦标赛,吸引了 20 多个国家与地区的选手参加比赛,开创了此项竞赛在亚洲的先河,也打响了日照市“水上之都”的名号。2017 年之前,日照成功举办了一系列赛事,如 6 届沙滩排球锦标赛、5 届中日韩帆船赛、3 届世界帆船锦标赛、两届中国水上运动会等。而这些赛事的不断成功,也标志着该区域水上运动基地的进一步完善。2017 年,在首批运动休闲小镇的名单中,日照便出现其中。随着名声提升与功能完善,日照在水上运动方面的优势进一步确定,逐渐成为具备国际水准的水上运动训练基地,完备的办赛体系和经验是小镇独特的优势。2019 年国家级运动休闲小镇培训班及交流会在日照奥林匹克水上运动小镇举办,小镇的发展受到莅临专家、领导的高度赞扬。日照中央活力区规划图如图 6－8 所示。

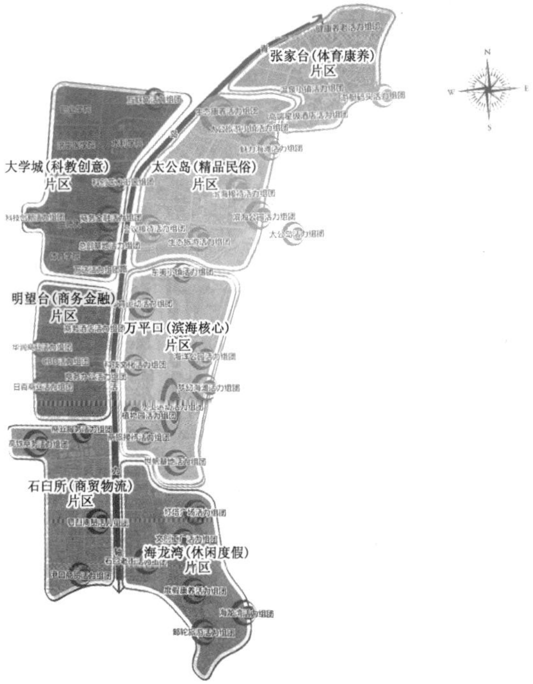

图 6－8　日照中央活力区规划图

(2)整体规划,一业为主,多元发展

日照奥林匹克水上运动小镇的建设以体育产业为主导,坚持多元发展。小镇开设了帆船、帆板、皮划艇、潜水、赛艇、摩托艇、游泳、跳水、龙舟等水上项目。陆上配合国家政策和居民所需,开设足球公园、网球公园、篮球公园、游泳馆、门球场等,以匹配不同年龄段、不同群众的差异性需要。沿海岸线建设 28 千米的健身步道、绿道,免费供游客、居民健身。

日照奥林匹克水上运动小镇是整个规划区的核心区域,周边配有休闲度假、商务金融、商贸物流、科教创意、民俗旅游、体育康养等六大片区。日照奥林匹克水上运动小镇规划沙盘图如图 6 –9 所示。

图 6 –9　日照奥林匹克水上运动小镇规划沙盘图

整个奥林匹克水上运动小镇沿海岸线呈带状分布,包含的体育项目主要有门球场、水上运动中心、篮球公园、网球公园、足球公园、中加国际健康管理中心、游泳馆以及王石深潜俱乐部,相关的配套以万达、华润等开发的楼盘、商场为主。

(3)采用“1 +4 + N”的运作模式,突出企业主体

采用“1 +4 + N”的运作模式,实现了政府引导、企业主体、市场运作、产业跟进,取得了良好的效益,成为值得推广的以企业为主体的管理模式。这里“1”的内涵是管理主体与投资主体,即日照市文化旅游集团。该公司主要从事文化旅游活动的营销、策划,市政公共设施管理,餐饮、住宿服务,酒店管理等。“4”主要是指足球公园、篮球公园、网球及中加国际健康管理中心分别由 4 家公司投资、建设与运营。日照市中健体育产业发展有限公司负责篮球公园的建设和运营;安泰体育公司投资网球公园,主要负责促进网球公园的运营、管理;日照海岸足球俱乐部有限公司负责足球培训、足球运动的推广;中加国际健康管理中心负责日照市健康管理中心的运营、管理以及推广等工作。“N”主要指多个综合体,不仅设有游泳中心,还设有水上运动区、世界帆船锦标赛基地、网球公园等。

会客厅(图 6 – 10)内以图片的形式展示了体育小镇建设的理念、规划区

域、运作模式等。给人印象最深的是会客厅、足球公园、篮球公园的建筑,它们与周围环境融为一体,采用环保、简约的风格,外墙均用玻璃建筑,空间不大,但很精致,能够满足日常的招商展示、交流参观、会客洽谈等基本功能。

图 6-10 体育小镇会客厅入口

在日照奥林匹克水上运动小镇的南部,设有水上运动体验中心,它位于世帆赛基地 1 号楼,占地面积 900 余平方米,是以青少年水上运动为核心主题的展馆,这里不仅支持科普教育,还可供观赏与娱乐。在展馆内部,还设有各种展示内容,如相关赛事的滑轨展示,还有一些体验区、互动沙盘区、全景漫游区、荣誉展示和中国梦·水韵情等多个主题鲜明的功能展区,同时设有赛事视频、精彩图片等赛事展示区,运动器材展示区陈列有赛艇、皮划艇、帆船等水上器材。

小镇的网球场由安泰体育公司建设运营,这家体育公司于 2018 年 12 月成立,随后入驻日照奥林匹克水上运动小镇。该公司从网球活动进校园公益活动做起,已进入多所学校开展公益网球教学。接受公益网球教学的学校,有 8 所被教育部认定为网球特色学校。安泰体育公司通过举办赛事活动、网球产品开发(服装、产品、动漫设计)以及成立网球学院等举措,促进网球运动在该镇的发展。网球公园是目前小镇里除了世帆赛基地之外运行最好的场馆。网球公园被中国网球协会确定为合作训练基地,是国内场地数量较多的综合型网球中心,是日照市经办第 25 届山东省运会的关键场馆,该馆两年内承办国家级网球赛事多达 20 余次。在安泰体育公司官网上,集聚网球赛事运营、网球培训、网球产品开发、网球产品售卖等多项服务项目。

2019 年 12 月,篮球公园刚刚完成建设,尚未进入实质性运营,仅有一些培训或是规模小的比赛。小镇内的足球公园是由日照市财金投资企业投资承办和建设,已投入利用,由日照市财金投资企业注册创办的日照海岸足球俱乐部有限公司运营,其借助创办足球培训、足球赛事及足球学校等举措开展活动。

小镇的中加国际健康管理中心是由日照市中医院经营,由中医院的医生坐诊,实现财务独立,从2015年开始运营。在实地考察中,该管理中心给人印象最深的是科学的管理程序和评价体系,在制定运动处方前先对消费者进行身体状况、体质状况的评定,按照评估结果编制差异化的运动处方,为提升运动健身时效性奠定基础。指导健身消费者的教练团队均由专业人士担任,他们多数是专业体育院校运动训练专业、运动康复保健专业的人士,保证了运动干预的效果。管理中心的运动干预区面积约170平方米,涵盖了各种类型的运动器材。除运动干预外,管理中心还安排了心理干预、营养干预和中医干预项目,对运动参与者实施全方位健康管理。

3. 存在不足

日照奥林匹克水上运动小镇是集全市之力,重点打造的运动休闲场所,如何处理企业的经济利益与惠及民生之间的关系是小镇未来发展的核心点。小镇主要的场馆均由专门的企业运行,由于运营成本的问题,场馆均不对外免费开放。小镇作为城中镇,服务全民健身应该是其重要功能之一,为此,如何发挥小镇的民生价值成为政府、运营商不得不关注的问题。另外,应对体育赛事引发的旅游淡旺季问题也是管理者需要深入思考的问题。虽然该地区的宣传口号十分吸引人,比如春天可以打太极拳,夏天可以办水运会,秋天可以跑马拉松,冬天还可以举办体操比赛,全年都可以打网球等。但由于气候环境,除了重大赛事能够明显地带动住宿、餐饮外,其他时间,尤其是冬季,来此游玩的人数较少。如何激发市内、周边城市的消费活力仍然需要小镇经营管理者们制定更加具体的推进措施。由于日照奥林匹克运动小镇内的运动场馆与住宿区是分割开来的,不同项目的运动区也有明显的分界,因此,小镇内交通的便利性也应成为首要考虑的问题(在实地考察时发现,小镇内各场地之间的通行车尚未使用),对于个人或家庭集体游玩的人士,交通不便会影响其体验的满意度。

二、中山国际棒球小镇

1. 基本情况

中山国际棒球小镇是首批国家级体育小镇中唯一一个以棒球文化为主题打造的小镇,该镇也是评委一致认同入选全国96个项目中唯有的3个具有文化深挖潜能小镇之一。棒球小镇位于中山市小榄镇,建设计划总投入60亿元,分3期建设,截止到2020年底,已经完成熊猫纪念球场和支持500人食宿的熊猫体育训练馆的建设。该地区也是“中国棒球之父”梁扶初的故乡。梁扶初对棒球发自内心的热爱，他的爱国情怀是中山国际棒球小镇的文化基因。课题组成员一进入中山国际棒球小镇，迎面而来的是满大街的棒球宣传横幅标语、道旗，甚为壮观。这个小镇也是课题组成员到过的10多个小镇中，宣传工作做得最好的一个小镇。中山还是粤港澳大湾区的一个十分重要的节点区域，通过开展棒球运动，小镇可以与周围城市联系起来。

2. 主要举措

（1）营造浓厚的棒球文化

棒球之于中山是一个关于归来和复兴的故事。这里有“中国棒球之父”梁扶初，他毕生都在推广棒球运动。梁先生在世时曾率领中山熊猫队获“国家杯”冠军，他所在的队伍曾获美国棒球联赛冠军，此项赛事也被称为“小世界杯”联赛。他的4个儿子友声、友德、友文及友义均喜爱棒球，都是熊猫队队员。1968年，梁扶初先生离世，他的4个儿子继承其衣钵，毕生推广棒球运动。新中国成立以来，棒球曾在军队中开展得热火朝天，当时的国家集训队在一些重要赛事中成绩斐然。20世纪60年代，由于诸多因素，中国棒球逐渐退出竞技舞台，与棒球有关的活动较大程度减少，各种大赛先后停止举办。原国家体育运动委员会逐渐在国内范围撤销各省的专业队，棒球一度消失在各类赛事中。梁友文先生转行从事艺术工作，退休后旅居国外。2006年，东升镇第一支棒球队成立，而得知该消息的梁友文更是不辞辛苦，返回中山进入棒球队担任教练，手把手教导孩子们如何打棒球。在美国旅居30余年后回归中山的梁友文感叹着：“自己这一生都在外面推广棒球，然而却忘记了回到家乡来推广棒球。回来晚了！”2007年，东升镇的青少年棒球训练基地走上了正常发展轨道，并设置了小学、中学各两支棒球队。从2009年起，东升镇开始举办中小学生棒球联赛，伴随棒球赛事的创办，中山棒球熊猫队正式成立，东升棒球逐步向职业化建设推进。从2011年起，东升镇开始举办少年棒球邀请赛。2012年12月，东升镇高级中学成为中学生棒球训练基地，这也是全国第二家棒球训练基地。该镇完全利用当地的资源，通过改革学校体育的理念、制度、治理体系和课程结构，将学校体育对接当地的生态链、产业链，让学校体育成为棒球小镇的参与者和促进者，这个宏大的、事关整个棒球特色小镇的愿景，就从东升镇学校特色棒球项目开始了。棒球运动在校园的推广为该项运动成为地域特色体育元素打下了坚实的基础。截至2017年，全镇的部分中小学中已推广了棒球运动，这也在人才梯队建设上，形成了稳定性与持续性。当地的东升高级中学在每年的招生计划中设置了棒球体育特长生项目。每所学校都设置了棒球项目专项基金，用于学校棒球运动的推广、棒球队的训练。棒球小镇已面向美国职业棒球大联盟（MLB）中国棒球发展中心输送5名出色学员，此外还有14名球员也被选入广东省棒球集训队。东升镇棒球队除了夺得了省运会冠军，还在国内锦标赛上取得了不少优异的成绩，且多次代表国家参与全世界少年棒球竞赛，全面体现了我国少年的风采。2020年7月，中山被授权成为我国少年棒球队(U12)培训基地。在体教结合的推动下，2017年前，东升镇“棒球人口”约为3 000人。中山国际棒球小镇已经形成了完善的人才培养模式，小镇深厚的棒球文化、浓郁的棒球运动氛围、优异的棒球成绩，使棒球小镇抓住了机会，成为国家体育总局推荐的首批国家级运动休闲小镇，并得到评委的一致认同。

(2)领导重视，规划先行，稳步推进

中山国际棒球小镇的发展得益于各级领导的重视。早在2013年，中山市就提出了《扶持东升棒球小镇建设 培育中山棒球产业发展》的提案。2014年2月，中山市政协委员冯小龙提交了《扶持东升镇打造国际棒球产业链》的提案；同年3月，中山市组织召开了棒球之乡振兴研讨会，该会议将东升镇的发展方向与重点，界定在“棒球”事业上，且创办工作领导小组逐步执行。自此开启了中山国际棒球小镇的建设工作。随后，《中山市体育产业发展“十三五”规划》等相关辅助性的政策法规相继出台。2017年，中山国际棒球小镇的发展得到了国家体育总局的肯定，成为第一批立项培育建设的体育小镇。东升镇政府着眼于棒球小镇的发展，为加快发展进度，先后召开了棒球小镇论坛、棒球——中山城市文化新势力棒球发展峰会，并组织专家实地调研、讨论等活动，棒球小镇集教育、体育休闲、房地产、市场营销等专家的智慧，论证规划方案。

棒球小镇的发展与冯小龙先生的努力密不可分。冯先生是中山人，后移居澳门创业，作为一名从中山走出的成功商人，他一直努力推动中山棒球小镇的建设；为了棒球小镇的发展，他专门成立了广东熊猫体育文化产业有限公司，负责棒球小镇的经营和管理等工作。

中山棒球小镇瞄准国际棒球小镇，小镇规划建设的主要内容有：场馆运动区，能容纳15 000人的主球场和训练场；棒球运动星光大道，皆为提升棒球运动荣誉感和增强互动性；本地传统文化区域，建设具有岭南饮食、民俗文化的娱乐休闲区；棒球博物馆，呈现中国棒球文化变迁的历程，展示本地棒球才子梁扶初先生及其家人从事棒球运动以来，所拥有的棒球用品、比赛获奖物品等及相关报道；棒球名人堂及棒球文化创意馆展示区；体现体育市场活力的商业区；宾馆区，采用棒球形状设计的五星级酒店办公区以及以棒球文化为元素建设的健康居住区等七大区域。其目的是让棒球运动融入当地民众的日常生活，以棒球文化凝聚人心，提升社区民众文化认同感。最引人瞩目的是可容纳15 000人的棒球主球场，从建设规划图可以清晰看到棒球场是整个小镇的中心（图6－11）。

值得一提的是，棒球小镇传承中山棒球文化，以熊猫作为品牌形象。据了解，当年梁扶初带领中山熊猫队称霸上海，获得了国内及国际棒球赛冠军的梁成文也曾是熊猫队的一员。梁家父子一直希望中国棒球队能早日复兴，重回世界棒球赛场并夺冠。熊猫队的棒球如图6－12所示。

图6－11　中国棒球小镇概念规划设计图

图6－12　熊猫队的棒球

（3）地方资本家、企业的大力支持

在国家体育总局公开的第一批体育小镇名单中，大部分的小镇面临资金不足、找不到投资商的困境。资金不足、投资商匮乏的主要原因之一是体育小镇建设由地方政府主导，有些地方政府管辖范围太广、政策落实不得力，限制了社会资本进入。中山国际棒球小镇之所以能够获得较为充足的资本，源于小镇出台政策并躬身入局指导各项政策的落实，此举充分调动了地方企业投资的主动性、积极性。从调研中了解到,东升镇政府在2017年“3·28”招商引资活动中,引入资金总额达到了9.225亿美元,本市原下达的指标仅为1.3亿美元。值得关注的是,“3·28”招商引资活动中企业与棒球小镇签约的PPP项目,总投资约60亿元。在60亿元资金的保障下,中山市东升镇政府按照“五个一”的发展目标对小镇进行整体科学规划,统筹规划城轨站片区1000亩土地使用方案,将其用于中山棒球小镇的发展。项目投资的企业正是冯小龙创立的熊猫体育文化公司。冯小龙是从中山走出去的优秀企业家,他年少时移居澳门创业,后回到自己的家乡东升镇创业。冯先生一直热心公益事业,愿意为家乡做贡献。通过与他本人的深入沟通,课题组成员可以感知他那份爱国情怀,他说:“中山位于粤港澳大湾区腹地,在香港、澳门,棒球运动受民众欢迎,仅香港就拥有120多支棒球队。台湾地区的棒球运动开展的历史更早。20世纪三四十年代,台湾就开展不同级别棒球赛事,水平相当高!”冯先生谈到棒球运动在香港有众多爱好者,但因土地资源有限,没有一个像样的棒球场,粤港澳大桥使香港、澳门与内地联通,也给中山带来了发展机会。冯先生还说,未来棒球在促进海峡两岸沟通与交流中将会起到重要的推进作用,这让笔者联想到《体育与科学》杂志主编程志理先生曾提出的一个概念,即“文化重叠共识”。程志理先生曾在广西壮族自治区考察当地特色民俗体育“抢花炮”活动。“抢花炮”被列为全国少数民族运动会的比赛项目,该项目具备了体育竞赛的所有元素,也被叫作“东方橄榄球”。该项目在广西三江侗族自治县的富禄乡很受欢迎,传统的花炮节已经开展了135届。据程志理介绍,这个乡不是单一的侗族聚居区,有侗族、苗族、壮族、汉族,在梳理抢花炮历史流变中得知,原来抢花炮最早开始于清朝,是汉族人先开展的。三江县水域是从珠江流域到西江流域,再到三江。历史上,明清以后汉人就顺着这条河流做生意,这里是著名的漕运地。从西江到珠江沿江地域,汉族地区也有抢花炮活动,史书记载明朝就有,而富禄乡是清朝以后才有。3个少数民族在同一个村,他们居住的空间是分离的,一辈子都可能不相往来。他们的语言、文化习俗、服饰、宗教信仰全都不同,饮食的习惯也不一样。他们共居同一个乡村空间,有着各自的文化认同,生活在自己的文化时空中。但唯独有一个例外,就是每年的三月初三的花炮节,男女老少聚到一起,穿着漂亮的、不同款式的民族服装,围拢在抢花炮的现场。这个案例告诉我们,这些带着各自文化认同的少数民族,在娱乐上达成了共识并走到一起,语言不通并不影响他们参与抢花炮。好比奥运会,各国代表尽管语言不通,但却不影响比赛。抢花炮的案例,正呼应冯先生所言,棒球在中山小镇的开展,可以让大湾区乃至台湾地区相对封闭的文化板块联系起来。这就是体育拥有的“文化重叠共识”

的意义所在。

2021 年 2 月，中山市两会上，冯小龙给出了自己的提案，提案的核心依旧聚焦在了中山市国际棒球小镇。他呼吁，应该将中山棒球小镇作为一个重点，切实打造为区域明珠级别的存在，促进中山消费升级，培育经济新动能；借鉴国际经验，以棒球小镇建设提升中山城市民众生活品质；通过棒球小镇建设打造交流平台，助力国家战略实施。广东熊猫体育文化公司已经与中央澳门体育总会、中央政府驻澳门特别行政区联络办公室（澳门中联办）等达成合作意向，从 2021 年开始，全市每年接待不少于 10 000 名港澳青年。优越的地理条件、深厚的历史文化和棒球发展基础，再加上源源不断的资金支持，棒球小镇的建设未来可期。

3. 面临困境

在与冯小龙先生交流中，课题组成员明显地感受到他对小镇发展所遇到困难的焦虑情绪。冯先生介绍，制约小镇发展的最大问题是土地征收，中山市政府、东升镇政府都出台了相应的政策给予棒球小镇建设土地上的支持，但现实是小镇规划建设面积较大，涉及的农民、企业较多，造成征地的难度大。中山国际棒球小镇虽然拥有自主的赛事 IP，也举办了众多有影响力的大型赛事，但目前赛事最高级别的仅为亚洲区的赛事，引入更高级别的赛事是未来的主要目标，需要中山市、广州市乃至国家体育总局的全力支持。另外，在调研中课题组成员走访熊猫俱乐部管理层干部、小镇居民，了解到中山国际棒球小镇为了带动居民就业，为小镇居民提供了诸如场馆管理、安保、保洁等工作机会，但缺少上岗培训，部分人员由于未经过培训，对场馆、赛事了解不足，整体服务水平和质量与国际体育小镇的标准还存在一定的差距。熊猫俱乐部负责人也提到棒球小镇专业人才不足，亟待与科研机构、高校等机构合作，争取智力支持。

三、广西马山攀岩小镇

广西马山攀岩小镇是国家体育总局公布的第一批体育小镇之一，也是国家体育总局定点扶贫的小镇之一，是广西壮族自治区省级体育小镇。

1. 基本情况

广西马山体育小镇是国家级运动休闲小镇，2019 年，是国家体育总局特色小镇管理中心负责人在其报告中重点提到的体育小镇之一，其特色聚焦在了攀岩领域，也是全国唯一以攀岩运动为特色的小镇。初到马山攀岩小镇，你会被这里的自然景观吸引，惊讶大自然鬼斧神工造就的美丽景色。小镇核心区域位于古零镇羊山村三甲屯，该屯属于喀斯特地貌，拥有独一无二的自然岩壁资源，石崖、溶沟及溶洞处处可见，峰林秀美，错落有致，溪水潺潺，清澈见底，偶尔可见游弋的野生鱼。良好的自然资源为攀岩小镇建设提供了天然的运动场所。小镇建设计划分为核心区、辐射区和延伸区，规划面积3.6平方千米，预计在2025年全部实现建设目标。从交通条件看，它临近355国道，距马山县城14.5千米。马山县隶属广西壮族自治区省会城市南宁市，位于南宁市一小时经济圈内，区位资源优势明显、交通便利。从区位定位看，在海上丝绸之路的路径上，广西是一个重要的节点，近东盟国家，这为马山县举办中国－东盟赛事、交流活动提供了区位优势。从气候看，马山县属于亚热带季风气候，全年平均气温为21 ℃，具有发展户外运动的天然优势。马山县本身便彰显着出众的民族特色，2019年被收录为少数民族特色村寨的名单。在2020年第二批乡村旅游村名单中，该地区更是得到了唯一一个“攀岩进校园示范县”的称号，同时是广西体育旅游示范试点县、广西特色旅游名县。小镇的建设主要采用PPP模式，以广西体育局、马山县政府为主导，中国登山协会为其提供技术指导，北京国奥中健体育发展有限公司等企业参与其中，将攀岩作为一个核心亮点，结合泛户外运动，集旅游、运动娱乐、度假、产业、教育培训等为一体，打造出了独具一格的特色小镇。

2. 主要举措

（1）引进高层次的体育赛事，使赛事效益最大化

马山县能引起政府、媒体的关注，并不是单单因为该县的自然资源丰富、风景优美，而是因为2012年国务院公布的国家级贫困县名单中，马山县名列其中，成为国家扶贫开发重点扶贫县。十八大以来，国家把贫穷人口脱贫放在了治国理政的重要位置，在国内打响了脱贫攻坚战。马山县脱贫工作摆在了广西壮族自治区、马山县政府的面前。2012—2015年，马山县政府采取了一系列措施，但马山县的脱贫效果并不明显，直到2016年，马山县与中国登山协会结缘，才开启了“体育＋旅游＋扶贫”的运营模式，并取得了阶段性的效果。2016年，马山县贫困发生率大约为20.22%，2018年，马山县贫困发生率降低到5.91%，2020年5月，马山县完全实现脱贫。而该地区能够实现脱贫目标，“体育＋”的发展模式是不可忽视的，其作用也值得肯定。5年来，马山攀岩小镇不仅举办了县级、国家级攀岩比赛，还举办了3次国际级的攀岩赛事。东盟山地马拉松也选择在该地进行。陆续到马山参赛的国内外运动员达10 000多人次，马山县获得了“中国山马赛最美赛道”和“世巡赛 · 环广西”皇后赛道的荣誉，这些赛事提高了马山的知名度和美誉度。近5年马山攀岩小镇举办的赛事及效益一览表如表6－5所示。据统计，仅2020年国庆、中秋长假期间，马山攀岩小镇就迎

来近 5 万人次的游客前来体验和观光，旅游收入超过 200 万元，体育旅游蓬勃发展。

表 6－5　近 5 年马山攀岩小镇举办的赛事及效益一览表

赛事（活动）名称	举办基本情况	获得效益
中国－东盟山地马拉松（马山站）	该项赛事从 2016 年开始，连续 5 年在马山攀岩小镇举办。2016 年 11 月，由国家体育总局、中国登山协会、广西壮族自治区体育局合作主办	2016 年，有 16 个国家的 1 085 名运动员和爱好者参与。马山赛道被评为“最美赛道” 2018 年，赛事为马山县吸引了 72.6 万人次的游客，相比 2016 年增加了 3 倍，旅游收入达到了 3 948 万元
中国－东盟山地户外体育旅游大会开幕活动暨体育扶贫公益行动启动仪式	2017 年 5 月 6 日由国家体育总局登山运动管理中心、中国登山协会、广西壮族自治区体育局、广西壮族自治区旅游发展委员会主办	攀岩精英赛吸引了不同国家和地区的 138 名攀岩选手参赛，获得公益善款约 21 万元 国家体育总局和中国登山协会领导对马山的自然山地资源和攀岩运动给予极高的评价
2018 中国－东盟山地户外体育旅游大会攀岩大师赛	由中国登山协会、广西壮族自治区体育局主办，南宁市体育局、南宁市旅游发展委员会、中共马山县委员会、马山县政府、北京国奥中健体育发展有限公司承办	大师赛引来了源自中国、美国、英国、法国、波兰与哈萨克斯坦等国家和地区的 118 名选手报名参加比赛
全国青少年 U 系列攀岩联赛总决赛暨 2018 全国“攀岩希望之星”总决赛	2018 年 11 月 10—12 日，赛事由中国登山协会、广西壮族自治区体育局主办，南宁市体育局、马山县政府承办，马山县马山中学举办	198 名青少年攀岩选手参加了比赛

表 6－5(续)

赛事(活动)名称	举办基本情况	获得效益
2018 年“营动中国”全国青少年户外营地大会	由国家体育总局青少年体育司主办,中国登山协会、广西壮族自治区体育局、南宁市体育局、马山县政府承办,广西红树林户外运动俱乐部、北京国奥中健体育发展有限公司协办	来自 26 个省(市、区)的 470 名营员参与本次活动。参与涉及野外攀岩、地域民俗、水上划艇、洞穴探秘、露营体验等在内的营地活动
2019 年第五届全国少年攀岩锦标赛	由广西壮族自治区体育局、中国登山协会共同主办,南宁市体育局、中共马山县委员会、马山县政府承办,中攀体育产业(北京)有限公司与中攀阿成攀岩学校执行	全国 23 个省(市、区)和香港特别行政区的 77 支代表队的 320 多名攀岩运动员参加比赛
2020 中国－东盟攀岩精英赛	由中国登山协会、广西壮族自治区体育局、南宁市体育局、中共马山县委员会、马山县政府共同组织创办,由中攀商贸(北京)有限企业运营	39 名男子、21 名女子共 60 名选手参加比赛,参赛人选涉及 2020 中国攀岩自然岩壁系列赛各站竞赛前 3 名的男、女子运动员与青少年精英的运动员
2020 中国攀岩自然岩壁精英挑战赛(广西马山站)	由中国登山协会、广西壮族自治区体育局、南宁市体育局、中共马山县委员会、马山县政府共同举办	来自全国的 60 名攀岩选手参加了比赛
2020 年广西青少年攀岩锦标赛	由广西壮族自治区体育局主办,广西社会体育运动发展中心、马山县文化广电体育与旅游局承办,广西旅发南国体育赛事有限公司具体负责执行	来自广西壮族自治区 14 支代表队的 100 余名攀岩少年参加了比赛,其中马山籍选手大约有 61 名

由表 6－5 可知,马山体育小镇主要举办攀岩、山地马拉松等高层次赛事(图6－13)而受到了上级主管部门的重视,已形成了稳定的合作机构。赛事的效益主要呈现为宣传效益,举办的赛事吸引国内外众多的攀岩界高手和爱好者,提升了核心产业的竞争力;赛事带来旅游经济的同时,当地政府还通过公益募捐、名人直播带货等形式,筹集扶贫资金并全部用于马山县扶贫事业和改进地方群众体育设施。截至 2020 年底,马山县的体育运动中心得以实现,还构建了长

达50千米的自行车赛道(图6－14)和56千米的是壮族风光带。篮球场更是走向了所有社区,全民健身得到了良好的推广,群众精神面貌、生活状态得以改善。

图6－13　中国－东盟马拉松赛事比赛现场

图6－14　马山县的山地自行车赛道

(2)逐步完善攀岩人才培养体系

城市、乡村的发展核心是人,人的积极性、主动性被调动起来,各项事业发展才有源源不断的动力。为此,要始终坚持“以人为本”的发展理念,全面提高群众的生活品质。本着这一理念,在建设攀岩小镇之初,县领导就意识到人才是决定小镇可持续发展的第一要素,要避免因人才匮乏而制约小镇的发展。县政府制定了提高人才软实力、打造人才高地的培养计划,主要采取三大举措。首先,建立攀岩人才培养体系。通过与广西科技大学体育学院签订合作协议,承办由中国登山协会青少年组织创办国内青少年攀岩教练员与中小学攀岩教师师资训练班、两期初级攀岩指导员国家职业资格证书培训班、全国户外安全教育计划讲座、第四届全国户外指导员交流大会，以及全国第三期初级山地救援师资培训班等活动，为马山攀岩小镇及中国攀岩事业、户外运动的推广提供专业技术人才。其次，创办了国家青少年攀岩运动队。2018 年 8 月，国家青少年攀岩集训队在马山创办，汇聚了国内攀岩运动顶级人才。再次，实施攀岩进校园活动。马山攀岩小镇的建设得到了中国登山协会的大力支持。中国登山协会从 2009 年开始尝试在青少年中普及攀岩运动，2014 年，“攀岩进校园”成为其中一个宏大的计划。2017 年下半年，中攀阿城攀岩学校成立，全国青少年攀岩训练基地也落户马山，古零中学被确立为攀岩特色学校，这也是攀岩人才的重要基地。至 2020 年底，在中国登山协会的援助支持下，马山县建成 23 所攀岩学校。马山的孩子由于生活空间被群山环抱，天生拥有攀岩的基本素质，再加上科学专业的指导，其攀岩水平飞速提升，在国内外、省内外举办的各项攀岩赛事中累计取得 61 枚金牌，加上银牌、铜牌在内共计 162 枚奖牌。攀岩运动员覃于妹还入选国家集训队代表中国出征世界赛事。马山县少儿攀岩体验场地如图 6 – 15 所示。

图 6 – 15　马山县少儿攀岩体验场地

（3）充分调动当地居民参与的积极性，采用共建共享策略

将体育与扶贫结合起来，马山县对于攀岩小镇的运作、户外运动公园的运作等都交给了当地群众，赋予了当地持续“造血”、稳定发展的动力，让体育联动文化、休闲与旅游产业。攀岩小镇给村民提供服务员、收银员、安保人员、民宿管家等工作机会，让他们拥有不离家就有稳定的工作、稳定的薪资；同时支持村民自我创业，如开餐馆、修民宿、发展采摘经济等，实实在在地帮助贫困民众脱贫，受到了村民的欢迎。

3. 存在问题

(1) 小镇建设注重“生产”“生态”空间的打造，忽略“生活”空间的布局

马山攀岩小镇是一个以赛事带动旅游业发展的小镇，建设了标准的攀岩场地，打造优美的赛道。但小镇里相应的公共交通设施、住宿、餐饮、旅游标识等配备不完善。马山县是全国重点旅游乡镇，旅游业发展的相应配套设施较为完备，但三甲屯攀岩小镇由于依赖马山县的旅游配套，自己的设施跟不上小镇发展的需要。小镇距离县城约 20 千米，课题组成员在现场体验，从县城首先乘坐大巴车到达三甲屯车站后，还需自行找拉客的摩的到达攀岩小镇，这一现象不仅造成出行不便，同时也拉低了全县旅游服务的档次，给来往的游客留下“不规范”“档次低”的印象。从调查中我们了解到，马山县现有的旅游客户群体主要为广州、深圳及广西周边城市的游客。攀岩小镇的定位是国际攀岩小镇，小镇也多次举办国际性的攀岩赛事，由于现有的配套设施与国际体育小镇的标准相差太远，这也影响着国际攀岩爱好者的参与度。

(2) 目标消费群体不明确，推广策略不具针对性

马山攀岩小镇以攀岩运动为核心产品，但目前仅仅开发了攀岩的线路，而且没有比赛时仅部分线路开放，体验性的产品、普及型的产品开发较少。马山攀岩小镇缺少详细、具体的推广计划。从小镇对外宣传网站看，其内容仅有政府举办的几次攀岩赛事或是其他活动，缺乏专业性的宣传内容，可见小镇宣传的重要性尚未被重视。若攀岩小镇的建设仅仅是为了举办几项赛事，吸引专业的攀岩运动员过来训练或比赛，将会失去特色小镇的含义。如三甲屯七大岩壁，其中深受攀岩爱好者喜欢的便是金刚山攀岩场，也是所有岩场中最为险峻的，目前因为人力、物力等条件限制，开线工作受阻，亟待外界力量给予支持。

四、贾汪时尚体育小镇

贾汪时尚体育小镇是国家体育总局公布的第一批体育小镇，2020 年 8 月被评为江苏省特色小镇。

1. 基本情况

贾汪时尚体育小镇位于江苏省徐州市贾汪区大泉镇(大泉街道)，这里被誉为徐州的后花园，占地面积 75.6 平方千米。大泉街道距徐州市区 30 千米，由徐贾快速通道直达徐州市区，铁路交通有贾汪至徐州专线。小镇距离徐州观音机场 50 千米，通过高速公路仅半个小时的车程。记忆中的贾汪区是煤炭产地，20 世纪 80 年代，课题组成员认识了当时贾汪区马庄村的党委书记，从他的介绍中，我们知道本地民众多数从事与煤炭有关的生产或者工作(与徐州地区的炭业资源优势一致)，比如马庄村的农民既要挖煤，又要从事生产劳动，其他村里也是一样，还要承

担为青山泉煤炭输送粮食蔬菜等生活用品的任务。农民的收入多半来自矿区,正所谓一方水土养一方人,靠山吃山、靠水吃水。当时村里百姓的日子远好于其他地区。为此,马庄村建起农民乐队,开展丰富多彩的文化体育活动。后因产业调整、环境保护,整个徐州煤炭产业重新布局,关闭大小煤矿200多家,贾汪区是主要产煤区,辖区大小煤矿关闭了近百家。马庄村的煤窑在关闭期间,村领导曾四处寻找支援想保住村里唯一的"来钱煤窑",说他曾在煤窑前痛哭流涕,感觉天要塌下来一般。当时徐州被人们称为"煤城",城市的空气里尘土飞扬,白色衬衫上身十分钟就变成乌色,人们上街买东西,回来时鼻孔里都是黑色粉尘,硅肺患者人数占比高。产业转型升级让这座国内知名的煤炭城市成功转型,特别是贾汪区由煤炭区转为湿地公园,产业从第一产业转为第三产业。贾汪区属低山丘陵区,凭借其独特的地理环境,在煤炭资源枯竭后,转型为农业观光旅游。辖区范围内,有桃花源、鸣凤海、茱萸寺、十里花溪等优美景点,这些组成大泉镇(街道)独具特色的旅游资源,不仅成为2020年中国最美县域,还在2021年被农业部纳入第三批创新典型县名单。随着宣传推广,当地的知名度进一步提升。贾汪时尚体育小镇曾获评江苏省特色运动项目基地、江苏省体育旅游示范基地创建单位等荣誉。

2. 主要举措

贾汪时尚体育小镇凭借小镇内体育事业的发展基础,赢得国家级、省级众多的荣誉。2018年,江苏省体育局组织人员对立项的小镇进行中期考核评价,贾汪时尚体育小镇的评分刚及格,上级主管部门下达限期整改指令。同年,在国家体育总局组织的督查调研评估中,小镇也未通过第一次审核,要求限期整改。课题组成员对贾汪时尚体育小镇进行跟踪式的调研,从小镇最初申报到获批开始筹建,从项目规划考察到策划书审核评价,再到后期的整改实践,跟踪近5年的时间。2020年8月,贾汪时尚体育小镇成功入选省发展和改革委员会评选的特色小镇,这是全省20个在建体育小镇中仅有的3个入选特色小镇之一。小镇的发展可谓一波三折,小镇建设管理者、建设者无不感叹,开创一个新业态,各方面都需要从头学起,好在努力没有白费。总结调研访谈中了解到的一手资料,可知该小镇成功转型升级的三方面原因。

(1)受到领导重视,公共体育服务成绩显著

贾汪区政府高度重视特色小镇建设,表现为政府下拨资金用于建设辖区内全民健身、公共体育基础设施。2016年,该地区获得了江苏省"服务示范区"的称号。通过统计得知,该区域内人均公共体育基础设施的面积为3.65平方米,这个结果已是相当出色。面向群众,提供的晨晚练地点数量多达226个,覆盖范围广,基本实现了"十分钟健身圈"。将全民健身引入社区,面向社区(村庄)老年人、少年儿童、妇女、残疾人等特殊人群,开展趣味性强的健身活动。据介

绍,街道每年固定举办健身活动多达 20 项,年度举办群体活动超过 22 次,可谓月月有赛事,周周有活动。贾汪区政府还组织健身指导员为社区群众提供科学健身指导,传授健身健康知识、运动健身技能和健康生活方式。例如徐州健身操舞协会为该区广场舞爱好者定期送技术,带动居民参与全民广场舞健身活动;贾汪区广场舞协会组织队伍参加徐州市乃至淮海经济区各种类型的广场舞赛事,并多次获得奖项。2016 年该区就有单项体育协会 24 个,国家级社会指导员 72 人。除此之外,该区还举办体育健康大讲堂,向民众普及科学健康知识,提升民众的体育素养。小镇借助"互联网 +"的发展思路,将智慧体育作为一个发展亮点,不仅设置了在线赛事报名平台,还设置了门票预售等系统,更好地推动体育赛事的开展与运作,拉动了区域经济的发展。

(2)依托旅游资源,加入运动体验项目,强化"体育"元素

贾汪区是首批国家旅游示范区,其旅游资源丰富。据贾汪区分管副区长介绍,贾汪区内风景资源十分丰富,有 1 家 3A 级、4 家 4A 级高质量景区,相应的农家乐数量达到了 83 家,体育用户休闲基地的数量达到了 7 个。贾汪大泉街道是贾汪区政府所在地,从地势看,东高西低,群山环抱,山清水秀,属高亢丘陵山区。徐州第一高峰大洞山就在该区域,大景山、督公山等自然资源丰富,为发展户外运动提供了良好的基础条件。贾汪时尚体育小镇开设主要项目一览表如表 6-6 所示。

表 6-6　贾汪时尚体育小镇开设主要项目一览表

序号	名称	项目类型	投资主体	主要包含内容
1	大景山户外体育集聚区	依托大景山景区,发展体育旅游	徐州山水休闲度假村有限公司投资 1.3 亿元,占地面积 67 万平方米	已建成项目有滑雪、漂流、越野车、滑草、VR 虚拟体验、真人 CS、餐饮住宿等 大景山滑雪基地,2014 年投入运营,面积 6 万平方米,接待大厅面积 6 000 平方米,是北京以南主道最长的滑雪场,拥有淮海经济区雪场先进的造雪机装置,滑雪季节景区每天接待量约 6 000 ~ 7 000 人;徐州大景山漂流(图 6-16)被称为"高山第一漂",漂流隧道是 3D 的奇幻隧道 户外攀岩体验项目,这里不仅有铁道攀岩,还有攀岩场,设置有山地越野场,同时还建设有户外亲子大乐园——徐州海啸大世界水上乐园,占地 8 万平方米,最大游客接待量 7 000 人,是目前徐州游乐设施先进、设备数量较多的顶级水上主题乐园

表 6-6(续)

序号	名称	项目类型	投资主体	主要包含内容
2	大洞山户外运动乐园——风之谷户外运动公园	休闲体育	大洞山景区规划占地 10 500 亩,总投资 3.2 亿元,由徐州市力拓体育文化有限公司独资,支持资金的规模达到了 1 500 万元	该乐园功能丰富,集餐饮、休闲观光、户外体验等活动为一体,其吸引力很强,年接待游客 20 万人次 风之谷攀岩公园小红军亲子营地,为淮海区域占地面积最大的、辐射广度最大的亲子基地,也是红色教育基地。青少年在此可以体验小红军长征活动,模拟长征现场,在风之谷中跋山涉水、跨越障碍,体验路途的艰难,缅怀先烈,体验革命老一辈们的艰难岁月,使青少年更加珍惜今日来之不易的幸福生活(图 6-17)
3	督公山体育休闲区	滑雪、滑翔、低空飞行等项目	贾汪区政府投资约 5 500 万元; 徐州督公湖漂流有限公司投资 5 000万元; 徐州飞鹏体育旅游发展有限公司投资 2 000 万元,建立督公湖滑翔伞飞行基地	督公山滑雪乐园相对广大,面积达到了 8 万平方米,设置初、中、高三个级别雪道,既满足儿童玩雪,也满足赛道标准,是如今淮海区域最具规模、设施最好的综合型滑雪乐土 督公山滑翔伞飞行技巧基地是江苏省第一家滑翔伞基地,其核心业务便是培训滑翔飞行、体验滑翔飞行技巧 督公湖航空飞行房车营地为江苏主打飞行体验的航空营地 督公湖时光隧道漂流是江苏省较大的漂流项目
4	凤鸣海风景区	航空体育项目	贾汪区政府	模拟飞行体验馆、航空模型展示馆、俱乐部等,享有“航空飞行营地”的美誉 2015 年,该地区举办了航空模型大赛,有数百米高标准航模专用跑道

图 6－16　游客体验大景山漂流

图 6－17　游客体验风之谷攀岩基地

(3)调整发展战略，优化交通体系，完善配套设施，突出“体育”特色

贾汪区凭借公共体育服务取得的显著成绩和丰富的体育旅游资源入选了国家级和省级体育小镇培育名单。但因为前期定位不准、发展方向不明确、启动速度慢、各区域协调配合不充分等原因，导致小镇在建设起初的阶段一直停留在喊口号上，并未做实质性的建设推进工作。由苏州大学体育产业研究院牵头制定的规划方案一直未审核通过，各景区以土地开发红线、生态保护红线等理由提出难以配合。在接到限期整改的警告后，贾汪区政府调整发展策略，将原定在大泉街道建设的体育小镇方案转至茱萸山街道，并组织专业机构进行整体规划，确定了“一轴四片五区”的发展战略。贾汪区政府和茱萸山街道投资近 2 亿，对体育小镇的主干道山水大道和 3 条乡村旅游支线进行升级改造，以山水大道为轴线打造 8 000 米公共服务和形象展示长廊，突出了“体育”元素。课题组成员第一次去贾汪体育小镇调研，从徐州市区坐公交车转车 3 次还未到达小镇，原因是公交车司机并不知道体育小镇的具体位置。课题组成员第二次参加

徐州市贾汪区文化广电新闻出版局与体育局主办的苏州大学规划汇报会时，在区领导的带领下参观大泉街道（申报时运动小镇所在街道），但未见体育小镇具体方位。经过警告后，小镇发力建成形象展示长廊，特色小镇建设才得以真正启动。投入建设公共交通和基础设施，就3年来的统计结果来看，综合政府、茱萸山街道、相关企业，总计投资20多亿元对基础设施和体育产业进行升级改造。

3. 面临的困境

（1）规划用地不足成为最大问题

对贾汪体育小镇的分析可知，区内的旅游资源以自然资源为主。前文提到贾汪区曾是全国著名的煤炭之城，随着产业结构的调整，转为第三产业，旅游业才慢慢兴起。虽然区内的自然资源丰富，但基本是靠转型旅游产业后规划建设而成的，资源独特性并不显著。小镇引入吴桥杂技团、武术、舞龙舞狮、戏曲等演出团体，每日轮流为游客演出，并不断开发项目体验区。小镇在2014年就加入了滑雪、滑草、漂流等户外项目，这也是小镇内大洞山、督公湖的主打旅游体验项目。贾汪体育小镇建设的政策发布后，面临的首要问题是在什么地方建体育小镇，现有的景区已最大限度地加入体育体验项目，但可利用的土地不足，正是因为土地问题、生态环境保护的要求，贾汪体育小镇顶层规划一直未有效得以实施，发展思路受限。

（2）缺少专门的组织、运营团队

特色小镇是一个相对封闭又完全开放的区域，封闭性体现在体育小镇的建设是有边界的，小镇的空间分布和产业布局是有规划的，而不是将几个景区拼在一起。开放性是指游客、外来人员、外来投资商均可进入小镇，小镇按照既定的规划进行招商引资。贾汪体育小镇由于受前期工作的影响，属于拼版型建设的体育小镇，滑雪场馆、漂流基地、户外项目等的运营管理各自为政，互不往来。此类型运作模式不利于小镇形成体育IP，不利于产业集聚，更不利于形成高质量的体育小镇发展局面。

（3）专业人才数量不足，专业性不强，政策支持力度不够

课题组成员调研时发现，贾汪体育小镇的专业人才匮乏，投资企业之前基本没接触过体育产业，滑雪场投资者是做矿产机械的，滑翔伞投资者之前是做地产的，出于他们对滑翔运动的热爱，转投滑翔运动俱乐部。在滑翔基地调研时，基地领导介绍，他们的工作人员有的是从台湾聘请的，有的是从国外聘请的，无形中加大了运营成本。特别在发展初级阶段，资金周转出现阶段性问题时，企业发展稍不留神，就会走到破产的边缘。于是，他们期望和大学合作，加

深对体育从业员工的在职培训。优化体育产业从业人员的工作能力与专业水平，吸引优秀专业人才进入体育产业领域。作为UVOL（优我飞行）滑翔伞飞行学校的校长陈先生特别提到，在体育产业初创时期，重视引入体育经营、开发、管理等先进人才，对体育行业发展具有特别重要的作用。人才是产业发展强有力的保障。从交流中可以感受到，企业对当地政府有更多的期许，希望政府能给予在体育产业发展中做出贡献的企业或者个人表彰和奖励。企业家投资社会，一方面是为赚取金钱，另一方面，他们希望被社会认可，满足其荣誉感。从陈先生等企业家身上可以感受到，这个企业家群体希望能为家乡、为社会做出贡献，如果他们的付出能得到社会的认可，将是对他们最大的回报。

第三节　两种类型体育小镇的比较研究

不同类型的小镇依托的地域资源、文化资源、自然资源不同，对经济基础、产业转型环境、社会环境的依赖程度亦有所不同，因此，不同类型的小镇建设呈现出不同的优势和劣势（表6－7），只有明晰不同小镇的优劣势才能“扬长避短”，提出针对性的建设路径。

表6－7　不同类型体育小镇的优劣势分析表

小镇类型	优势	劣势
外培型	基本是以企业为主导，有雄厚的资金支持；有灵魂人物，推动小镇建设；位于城市周边，地域、交通优势明显；产业发展的成本低，潜力大	占地面积大、项目类型单一；无法与地域特色相融合，当地居民的参与度低；配套设施不完善，接待能力有限
自然资源内生型	基本是以体育旅游为产业特色，依据独特的自然环境引入运动项目，具有天然的优势条件；相应的配套设施齐全，接待能力强	环境承载力有限；土地资源不足，再开发难度大；空间布局基本已经形成，体育产业的布局受限，体育特色需要长期培育

表 6-7(续)

小镇类型	优势	劣势
人文资源内生型	特色明显,亮点突出,无法被模仿、复制;受到小镇原居民的欢迎;更容易吸引投资商和外来游客,从而带动小镇的经济、社会发展	小镇的产业基础弱,相应的配套设施不足;交通便利;空间布局的再调整容易引发与原居民的冲突

一、外培型体育小镇的优势

第一,外培型体育小镇基本是以企业为主导,将某个项目引入小镇,随着国家体育总局政策性文件的颁布,顺势发展成体育小镇。由于我国体育产业发展的基础弱,该类型的体育小镇相对较多。例如云南网球小镇,网球并非安宁温泉镇人们喜闻乐见的项目,而是由于凯兰集团建造了度假酒店,在酒店内建造了 11 片网球场,通过举办大型的赛事,承接青少年培训或夏令营等活动,网球才逐渐成为其特色。江苏省江阴的马术小镇,最早的发起单位是海澜集团,海澜集团的领导考虑战略转型所需建设了马术场,组建了马术俱乐部。这样的例子比比皆是。西藏林芝鲁朗运动休闲小镇最初是由恒大投资建设五星级酒店、足球场、户外自行车赛道,承办围棋赛事而兴起;太仓电竞小镇是由太仓市政府引入苏州游视网络科技有限公司,在 2016 年确定电竞特色,开始布局体育小镇建设规划。无论是政府布局还是企业主导,首要的是在资金上给予大力支持。完成了单一项目特色的打造,并在业内取得一定的名气,这也是该类型的小镇能够获批国家体育总局第一批立项名单的主要原因。第二,该类型体育小镇都有一个灵魂人物或者说是核心人物在推动项目建设。安宁网球小镇的建成是因为范吉智与他的夫人,因为他们都是网球运动的狂热爱好者。范吉智投资建设了凯莱酒店,正是在他的坚持推动下,凯莱酒店才得以发展,迎来国家体育总局建设体育小镇的利好政策。第三,小镇的位置基本位于城市周边或是景区、工业区附近。小镇的建设基本由地产公司发起,因此小镇的选址非常讲究。网球小镇位于温泉之乡,那里是著名的盐城;鲁朗位于著名的长寿之乡;太仓电竞小镇位于科教新城。

二、外培型体育小镇的劣势

随着国家发展和改革委员会、国家体育总局发布关于特色小镇、体育小镇建设的若干意见，国家更加关注小镇建设呈现的“地产化”趋势与“破坏生态环境”等现象。通过了解，碧桂园控股企业、万科企业、中国恒大、融创中国控股企业、保利发展控股企业、绿地控股企业、华润置业企业、龙湖企业、华夏幸福基业企业、金地企业、广州富力地产企业等均介入体育地产。由于企业主导，政府部门只采取引导或督促的方式，所以小镇的建设缺少全局观，基本还是按照申报之初“造出来”“搬过来”的规划发展，也正因为此，大部分小镇在国家体育总局第一次督查调研时被给出警告单。另外，小镇建设未能充分调动附近居民和小镇原有企业的积极性、主动性。例如，课题组在北京槐房足球小镇、云南安宁网球小镇以及河南嵩皇体育小镇实地调研过程中，在与原居民的访谈中得知，该类场馆（网球场、足球场、户外场地）对居民没有优惠，由于该类项目在该地区并没有群众基础，所以居民也不愿意参与其中。安宁网球小镇的居民回答说：“我们之前从来没有玩过，就是现在的中小学也很少有网球项目，我们都不会玩，平时也不去那边……如果有比赛，全免费的话可能会去看。”86%的原居民不想参与或者不知道怎么参与体育小镇建设中；98%的原居民没有接触过体育小镇上开设的体育项目；甚至有56%的原居民不知道他们生活的区域正在建设体育小镇。例如，课题组在对兰州什川运动休闲小镇调研时发现，小镇建设在距离什川镇五六千米的地方，但向当地居民打听体育小镇的建设位置时，小镇居民均表示不知道，在什川镇游客服务中心，值班的人员才告诉课题组成员小镇的大概位置。

三、内生型体育小镇的优势

内生型体育小镇是依托小镇内现有的自然资源或人文资源而建设成的体育小镇，所以体育小镇的资源基础是其最大的优势。依托旅游资源建设而成的体育小镇，会直接拥有旅游景区良好的配套设施、客源，会实现旅游和体育的双收益。以三亚蜈支洲岛体育小镇为例，蜈支洲岛是国家5A级景区，它拥有完善的旅游发展体系，海上资源优势是其他地方无法与之相比的。蜈支洲岛建设体育小镇，举办赛事、开展海上项目的培训，可以“一拉就响”；依托人文资源建设而成的小镇会形成独特的文化内核，形成绝对优势，是其他地方无法模仿、复制的。例如，中山国际棒球小镇，“棒球之父”的文化内核是独一无二的；陈家沟太极拳小镇，陈氏太极拳的发源地，对太极拳的爱好者、游客来说，这个地方发展太极拳是理所应当的。内生型体育小镇发展潜力大，更容易吸引到投资商进行投资。例如，东升镇镇长在中山国际棒球小镇发展高层论坛上介绍说：“我们不缺投资、不缺钱，早就准备好了钱。”日照奥林匹克水上运动小镇基本实现了每个主要场馆都有企业投资、运营。小镇原居民和政府的参与程度较高,小镇的内生向心力和凝聚力也是小镇发展的优势。

四、内生型体育小镇的劣势

内生型体育小镇主要以建制镇或乡村为规划区域,原有小镇的空间布局基本完善,新的体育小镇建设要实现体育产业的布局受到土地规划、环境保护、行业壁垒等的限制。例如,贾汪时尚体育小镇原计划依托大泉街道建设,但规划设计了一年都未能实施,主要原因是大景山、凤鸣海、大洞山等风景区内土地资源有限,无法外扩加入项目,所以才造成了项目迟迟未有实质性的进展,而得到江苏省体育局、国家体育总局的警告通知。在采访青海龙羊峡运动休闲小镇的工作人员时,他们表示土地问题是他们面临的最大问题。中山国际棒球小镇的建设受到中山市政府领导的高度重视,政府专门发布了相关的文件推动小镇的建设,但进度缓慢的主要原因也是土地问题。邻水镇建设体育小镇为了能吸收外部资金,得益于小镇领导进行土地性质变更,将土地集中流转,能够满足投资商投资建设对土地的需求。

内生型体育小镇由于产业的基础、土地的限制,不容易形成产业的集聚,政府普遍采用的建设策略是增加公共体育服务,提升公共体育服务的效益,试图用体育公园或体育培训基地充当体育小镇来建设。体育公园的关注点是绿色、人均健身面积、体育设施的配备;体育项目培训注重单一项目训练场地的供给、运动员教练员的食宿、康复医疗等,仅仅靠承办赛事和公共体育设施供给是不足以支撑体育小镇建设的。

第四节　我国体育小镇建设存在的主要问题

一、过于盲目依托文化资源项目,整体统筹规划不足

我国体育小镇建设任务重、时间短,如果缺少体育产业发展基础,体育小镇建设就很难完成。从实地调研及列举的案例可知,尤其是内生型的体育小镇,由于其缺少对小镇的整体规划,理念落后,跟不上大、小环境的实际情况,为此小镇发展滞后。外培型的体育小镇的整体规划较完整,也注重对配套产业的规划,但多数都忽视了小镇居民生活区域的规划,源于目前国内外培型的体育小镇基本是由企业做平台,其主要任务是带动产业发展,注重产出效益,而对民生关注得较少。再者,目前体育小镇建设的实际管理权在省或市级体育部门,规

划是由市体育局或专门的旅游公司聘请专业设计院进行设计的，采取的是“自上而下”的流程，设计通过后由执行机构实施。小镇所在的村镇政府部门或是县政府部门对小镇建设规划缺少主动权，原居民作为小镇的主要生活群体，在规划设计过程中缺少参与机会，只能被动接受，因此，小镇建设过程中得不到来自原居民的支持，有些地方还遇到需要政府部门配合的现象。

毋庸置疑，体育小镇建设中积极挖掘当地文化遗产，合理依托文化资源，加强文化生产，一定会促进当地社会经济的发展，这是体育小镇建设中文化生产的主要作用之一。但是，文化历史小镇建设中问题频出，缺乏长远规划，给今后体育小镇文化生产以警示。20 世纪 90 年代全国旅游开发兴起，山西清徐耗资 6 000 万元建造的“三国城”20 年后衰败不堪，“罗贯中故里”已成尴尬，其中的教训值得我们反思：①清徐文化资源优势不明显，其三国城仅仅靠罗贯中故里资源建成，但与江苏无锡三国影视城、湖北中华三国城相比较，无论从环境、规模还是历史地理联系上来看，清徐三国城都处于劣势。②整体规划风格存在缺陷。三国城是仿明清建筑，不符合汉魏历史原貌风格。③因产权问题，投资商望而却步。三国城从建设初期就没有进行完整的统筹规划，从投资5 000万元开发，到再投入 1 000 多万元进行配套设施建设，全部投资失败。其中西关村占用土地置换金的补偿历史遗留问题至今未能解决，严重影响了招商引资。这个案例揭示了小镇建设存在的问题：一是盲目依托文化资源，缺乏整体规划，经营不善，资本投入失败，结果小镇衰败。二是体育小镇建设追求资本投入的最大效益，这就导致出现诸多问题，一旦资本链断了，小镇发展举步维艰，终将衰败。因此，在体育小镇建设实践中，一定要注重对文化资源认同度及推广价值的挖掘与研究；在小镇建设规划设计方案中，要做详细的考察和风险评估。

二、重视程度不够，政策的扩散效应不足

从成功的体育小镇案例可知，小镇建设要得到省级相关部门、地方政府部门、小镇管理人员（小镇的核心人物）从上而下的重视、支持才能提上日程、快速推进。但从调研实际情况看，很多小镇未成立有效的组织机构，小镇建设之前未做有效的市场调研，仅是围绕上级主管部门的督查做工作，为完成指标而举办赛事，缺乏主观能动性。

政策扩散效应主要有横向和纵向两个方面，政策的连续性、有效性比较高，政策的影响呈现出 S 曲线效应。国家体育总局自 2017 年开始，连续 3 年发布了培育体育小镇建设的政策，但政策的纵向扩散效应不足。截至 2020 年，仅有江苏、浙江、山西、安徽和云南体育部门制定了落实推进体育小镇建设相关文件，

部分省份在省级特色小镇培育或“十三五”规划中提及推进体育小镇建设，但超过2/3的省(市)没有省级体育小镇，也没有发布体育小镇的建设政策。政策是推进小镇建设的有力支撑，没有针对性的政策，体育小镇建设将处于无序的生长状态，在面临疫情、灾难或其他的风险时，随时可能发生停滞或消失。纵观国外体育小镇建设的实践经验，体育小镇建设是惠及民生、提高经济、带动社会发展的途径，为此，我国体育小镇建设政策的连续性有待提高。2020年后，在特色小镇、体育产业发展、全民健身等推进策略中，很少提及体育小镇建设情况以及推进办法，大有“体育小镇”进入了“冷”阶段的感觉。

三、过于关注产业布局，缺少对文化传承与生产的关注

从经济角度来看，产业发展是体育小镇发展的生命力。因此，大量体育小镇在规划建设中，非常重视不同类型产业的引入与培育，将体育、休闲、娱乐、康体与购物、旅游等不同类型产业门类融入其中，形成较为“臃肿”的产业类型。

从体育小镇发展的可持续性来看，目前体育小镇的发展缺少对区域性传统文化乃至体育文化传承与继替的意识。从国际体育小镇成长的经验来看，很多小镇均根植于深厚的文化类型，形成了较为典型的文化体育资产。如法国霞慕尼镇以登山文化知名，业已形成了集登山赛事、高峰缆道和相关培训为一体的产业形态和文化生态。而中国当前规划的体育小镇，其产业布局较为全面，但没有深入思考产业的内在关联，也无法对产业的业态导入后形成的文化类型进行整体性构思，因此，大多数小镇的体育文化缺失状况比较明显。

四、过于关注外部文化的植入，缺乏传统体育文化的传承

从体育小镇规划项目来看，基本上形成对国外运动项目的倾斜性选择，对国内运动项目的选择极少。这种情况的出现，明显移植了中国城市体育产业的典型思维，对中国大量缺乏现代体育文化土壤的小镇而言，能够顺利实现现代体育文化融入是一个较为严峻的现实问题。

从规划的体育小镇运动项目来看，缺乏承载传统文化类型的运动项目小镇，而足球、冰雪等项目因国家战略受到各地普遍重视，但大量布局的体育特色小镇，无论从其小镇足球、冰雪文化引入还是足球、冰雪文化生产均存在一定问题。客观而言，当前体育小镇建设并没有认真思考适应性文化资本培养的要义，单纯考虑政策引导带来的隐形红利，当政府政策红利消失后，此类小镇的可持续发展必然受到其文化继替的制约。中国小镇的发展中，普遍存在移植外来文化的问题，这一现象已经引起了相关部门的重视，住房和城乡建设部明确划

定“三条红线”，其中包含不允许盲目照搬外来文化。

五、重视体育活动的引入，缺少对文化形态的配套引入

体育项目植入是当前中国体育小镇建设的主导思路。部分规划建设的体育小镇，尽管考虑到文化的意义，但更多将文化建设与项目引入混为一谈，认为随着不同类型体育项目的引入，就自然地移植了相应的文化类型。多数地方在规划体育小镇期间，通过对相关运动项目包装与地方自然条件的有机融合，从而孵化出相关的体育小镇概念框架。很多地方缺乏必要的运动项目基础，但出于积极建设体育小镇的目标出发，他们将运动项目引入作为重要方略。从调研情况来看，河北某地建设风筝小镇的设想，与山东潍坊进行积极对接，努力打造风筝产业。该项目源于地方政府和外来体育项目的移植。政府提出要对区域优势资源进行整合，且预留了部分土地用于项目开发，而相关公司看到了其中的契机，积极与地方政府沟通，通过对风筝这一要素的包装，打造风筝小镇。尽管该地区有丰富的风筝文化，但从风筝研发、制作和销售来看，与潍坊风筝还存在不小的差距。类似的状况还有很多，当体育小镇的规划缺乏必要的文化基础时，引入的体育项目必然在发展方面面临一定的困境。因此，加强体育项目引入的同时，要注重对相关文化要素的引入，要从周边原居民和未来消费者的角度出发，打造体育小镇的文化存在体系。

六、关注体育项目的传承，缺乏体育文化再生产的观念

体育小镇孵化集中于这两点：地方体育传统，地方体育项目或地方体育基础。当前，除了个别地区具有浓厚的武术、龙舟、舞龙舞狮传统文化外，很多地方缺乏现代体育文化发展的基础。现有的体育小镇集中布局在足球、滑雪、户外等运动项目上，无论是传统体育项目还是现代体育项目，普遍存在着以推广项目为主，不注重对项目文化内涵的挖掘和创新。

通过对比发现，体育小镇作为一种全新的载体，对体育的意义和价值应该凸显独特的内容。单纯从体育文化传承的角度，难以提炼出有别于其他地方的文化特色。当前的体育小镇，除了关注体育小镇的文化传承功能外，还应该高度重视文化生产的概念，从体育小镇对现有体育文化的发展出发，生发出独特的体育文化要素，不失为体育小镇发展的一大成效。因此，基于特色的要求，体育小镇建成后的文化生产是形成特色的关键步骤。

七、宣传力度不足，未能有效吸引原居民参与

“网红经济”的发展充分说明了自我宣传带来的经济价值。体育小镇的宣

传主要存在着宣传内容单一、宣传途径单一、宣传平台资料内容陈旧等问题，突出表现为:2017 年 3 月，由北京体银投资管理有限公司注册的“体育小镇”的微信公众号正式上线，上线当月和 2018 年发布了大量的体育小镇、特色小镇建设以及部分国家级体育小镇建设情况的新闻和内容，但在 2019 年，内容几乎不再更新;2019 年 8 月，体育小镇公众号改名为“电竞中心”，之前发布的所有关于小镇建设的内容全部消失，至报告完成日的 2021 年 8 月 9 日，没有经过认证的“体育小镇”建设的公众号出现;同时，在 96 个国家级体育小镇中，仅有几个小镇设有公众号，而能及时更新信息的小镇并不多。检索各省市国家级和省级体育小镇的宣传平台，其中 52% 的小镇有超过 3 条宣传内容，48% 的小镇宣传内容停留在“立项”和国家体育总局“督查”报道上。

实地调研中发现，仅 56% 的小镇有醒目的体育小镇建设宣传内容，设立广告牌、电子屏、道旗等;64% 的体育小镇在建设中已呈现出体育元素，它们加大公共体育设施的投入，建设某运动项目的标识、雕塑等;仍有 36% 的小镇处于停滞阶段，小镇普遍缺少核心体育文化标识，且小镇核心体育项目的文化标识未能与小镇建筑、雕塑等物理性文化符号、原居民节日、习俗等行为性文化符号，以及小镇生活准则、宣传视频等思想性文化符号融合，未能形成让原居民或前来体验的游客耳目一新的品牌项目。98% 的原居民没有接触过体育小镇上开设的体育运动，甚至有 56% 的原居民不知道他们生活的区域正在建设体育小镇。例如，在兰州什川运动小镇、云南网球小镇以及呼和浩特市保合少镇水磨运动休闲小镇，我们在实地调研过程中，与原居民访谈，一半以上原居民不知道所在区域正在建设体育小镇。因小镇在选址时，普遍没有充分调查小镇原居民的情况，如他们受教育水平整体不高、以农业和手工业为主要就业方向、生活水平不高、缺乏体育素养和技能等特征。在小镇，新就业者基本以服务员、保洁、自主创业为主，其从事的工作与体育关系不大。对原居民运动习惯的了解中得知，90% 的原居民没有锻炼的习惯，10% 的原居民选择最多的运动是走路和广场舞。因此，在小镇建设过程中呈现出原居民参与度普遍不高的问题。

八、体育产业溢出效益不足，小镇空间结构有待优化

体育产业属于朝阳产业，但发展上属于慢赛道，投资大、周期长，因此投资体育产业要有耐心、有资金、有热情。所以，在小镇发展初期，其带动就业、带动社会发展的效益普遍不足。由于体育产业的特征，体育小镇的建设呈现出生产和消费集聚，以过夜经济和体验经济为主，空间结构应该以网状为宜。但据实地调查显示，目前我国体育小镇建设尚未形成网状空间结构，而是以点为主，被

命名为体育小镇的地方无论是依托现有的建制镇还是村庄，均远离城市经济中心、脱离乡镇原有的生活区域，经过上级领导部门的重新规划，建设为体育小镇的，有87%的体育小镇与原居民是共存型的关系。体育小镇内部空间结构的点状分布，导致产业空间和产业链条无法实现聚集效应，难以形成成熟的系统、循环的体育消费体系。

综合而言，中国体育小镇尚处于建设初期，立足于城市与乡村之间，多数地方属于体育文化空白之地，在建设过程中还存在着盲目依托文化资源项目、缺少整体规划、重视程度不够、政策的扩散效应不足、产业布局不合理、宣传力度不足、原居民参与热情不高等问题。当前，中央政府要求农村的发展践行美丽乡村工程、乡村振兴工程等，因此，立足于链接城市和农村的体育小镇，也应该在城市和农村体育文化的传承与继替方面做出积极探索，实现体育小镇发展生态闭环建设环境。

小　　结

本章通过太仓电竞小镇、宿迁晓店时尚体育小镇、江阴新桥马术小镇3个外培型体育小镇，日照奥林匹克水上运动小镇、中山国际棒球小镇、广西马山攀岩小镇以及贾汪时尚体育小镇4个内生型体育小镇进行实地调研，收集相关信息，详细地分析小镇建设期采取的主要举措以及面临的困境。通过具体的案例对两种类型的体育小镇进行对比分析。

我国体育小镇建设主要存在的问题：过于盲目依托文化资源项目，整体统筹规划不足；重视程度不够，政策的扩散效应不足；过于重视产业的布局，缺少对文化传承与生产的关注；过于关注外部文化的植入，缺乏对传统体育文化的传承；重视体育活动的引入，缺少对文化形态的配套引入；宣传力度不足，未能有效吸引原居民参与；体育产业溢出效益不足，小镇空间结构有待优化。

第七章　国外体育小镇建设的经验与启示

国外的“特色小镇”，是借助其独特的地理位置、气候、生态环境等外在条件开展运动项目，特别是在承办知名的国际大型赛事的地方，利用赛事文化遗产，如场馆、人文景观等资源打造体育旅游品牌，由此吸引世界各地爱好体育运动的游客前往游歇休闲。资料显示，这类依靠自然条件、地域体育特色文化逐步形成的体育运动旅游目的地（小镇），最早始于18世纪法国的沙木尼小镇，从1786年8月，由当地猎人巴尔玛和医生帕卡尔两人首次登上勃朗峰后，开辟了户外攀登雪山的体验线路，此事至今已有两百多年的发展历史。其他此类的旅游目的地，如美国布鲁明顿、尤金，英国温布尔登，新西兰皇后镇，瑞士圣莫里茨、达沃斯等地都建于19世纪，发展历史皆在百年以上。这些小镇都有举办大型赛事的经历，有地域传统的特色体育项目，有著名体育人士，旅游目的地还拥有大学、科研院所、体育用品生产基地等，在长久的历史积淀中逐步形成了以核心体育项目为中心、上下游体育产业链逐步丰富的发展模式。本书选取了布鲁明顿小镇、尤金城两个以赛事而举世闻名的体育旅游品牌地，两个混合型资源建设的瑞士圣莫里茨滑雪小镇、法国霞慕尼户外小镇，另外选取印度国际奥修静养康体型小镇、意大利蒙特贝卢纳体育产业型小镇作为分析案例，通过文献梳理、实地考察，了解了其具体的发展状况与历程，从这些信息之中找出其价值的理念，分析其经营模式，以期服务我国体育小镇的建设。

第一节　赛事型体育小镇

一、经典案例

1. 布鲁明顿

(1)基本情况

布鲁明顿于1818年建镇，面积为60.5平方千米。小镇位于印第安纳州中南部，距离印第安纳波利斯有1个小时车程，距离北部芝加哥有564千米，约

4 个小时车程，被誉为“通往印第安纳州南部风景胜地的门户”。小镇因印第安纳大学伯明顿分校（Indiana University Bloomington）而著名，该校建于 1820 年，这也是印第安纳州的一所公立性质的大学，其特色是研究型。该校的研究学术水平很高，在一些世界大学学术排行榜中，经常可以看到该大学的名字。如 2021 年，按照 U. S. News（《美国与世界报道》）发布世界大学排名中，该校位列第127 名、全美第 76 名。由于美国大学的性质和管理模式，印第安纳大学没有围墙，该小镇相当于是一个大学城，小镇超过一半人口是印第安纳大学学生（42 552 人）和教职工（8 800 人）。布鲁明顿远离城区的喧嚣，小镇内没有高楼大厦，人们生活舒适惬意。印第安纳大学伯明顿分校被誉为全美最漂亮的五所学校之一。

（2）发展历程

小镇因印第安纳大学举办的“小五百”自行车赛而出名。1951 年印第安纳大学举办了首届“小五百”自行车赛，赛事活动在每年的 4 月第 3 个周末举行。印第安纳大学主校区所在地布鲁明的比尔－阿姆斯特朗体育场是其主场。“小五百”是一项场地自行车接力赛，赛事要求各参赛队的每队运动员不超过 4 名，决赛 33 支车队全部参加，男子全程 50 英里（1 英里≈1 609 米），运动员要在 400 米跑道上骑行 200 圈，并完成不少于 10 次交接；女子全程 25 英里，运动员要在 400 米跑道上骑行 100 圈，并完成不少于 5 次交接。在赛事举办期间，旅客、小镇居民、学生等都会聚集到这里。“小五百”自行车赛比赛现场如图 7－1 所示。赛事的举办带动了小镇自行车运动的普及，周末会有学生骑车从布鲁明顿到另外一所知名的大学——普渡大学，单程有 200 千米左右。印第安纳大学伯明顿分校是美国中西部体育联盟十大联盟（Big 10）之成员，学校于 1905 年加入美国全国大学生体育协会（NCAA），是美国 NCAA 第一级别的高校之一。学校设有 24 支运动队，篮球、足球、高尔夫、橄榄球等项目影响较大。

（3）发展特色

布鲁明顿镇是因印第安纳大学的“小五百”自行车赛事而闻名全美乃至全球，其 70 年的发展经历，积累了丰富的资源。“小五百”骑行活动带动了当地自行车运动的普及，自行车运动逐渐成为当地民众生活中最具特色的体育活动。除此之外，印第安纳山地人篮球队曾获得 5 次 NCAA 总冠军，获得 20 次大十联盟（以体育为中心的 14 所美国大学联盟）分区的冠军。女子水球队在全国排名第七。棒球队在 2014 年赢得了十大锦标赛冠军。在 2021 年举办的东京奥运会上，印第安纳大学有 2 位教练人员与 16 位运动员参与了游泳、跳水、女足、高尔夫及水球的项目比赛。在印第安纳伯明顿分校官方网站的首页，代表队参加奥运会的消息成为头条新闻，网站推送每一位参赛运动员个人的奋斗故事，运动员在高校可以享受最高荣誉。学校专门为100米蛙泳世界冠军莉莉金（Lily king）建设了图书馆，展示其参与训练、比赛活动的视频、图片、训练手稿及相关书籍。布鲁明顿的体育特色是依托境内印第安纳大学伯明顿分校丰富的体育赛事、浓厚的运动氛围、优异的运动成绩而出名。

图7－1　“小五百”自行车赛比赛现场

“小五百”自行车赛创建于1951年，是由时任印第安纳大学学生基金会执行总监霍迪·威尔克特斯（Howdy Wilcox Jr）创立的，他的父亲曾获得1919年印第安纳“五百”自行车赛的冠军。也就是说，“小五百”赛事活动在小镇有着悠久的历史，因为战争等原因，活动一度停办，1951年霍迪·威尔克特斯为纪念父亲，在印第安纳大学创建了该项赛事。“小五百”赛事能吸引自行车爱好者关注的原因主要有以下三点。

一是赛事注重“人、城、赛”一体。该赛事举办的时间恰好是布鲁明顿春暖花开的季节，布鲁明顿素有“花城”之称，其环境优美、气候宜人，运动员参赛的车辆均为统一的“单速且倒轮式刹车”式自行车，成绩取得完全靠运动员的体力与技术表现。

二是赛期持续时间长。在赛事举办期间，学校与社区还组织各项艺术活动，“小五百”就是大学与社区最大的狂欢节。最初“小五百”赛事单一，经过多年的改造，如今的赛事包括资格赛、个人赛、团体对抗赛和终极决赛。资格赛一般在周末举行，而其他三项赛事会预热一段时间，预热阶段会持续一周时间。在此期间，学生们的情绪总是随着赛事的临近而狂热，常在校园里、小镇主要街道看到身穿比赛纪念服、骑行游街的骑乘爱好者。进入“小五百”周，校园里近

4万名学生开始发挥各自特长，有的组织聚会，有的参加音乐会，有的游街，总体而言，每个人都可以寻找自己比较喜爱的活动团队。校园内的狂欢活动如图7-2所示。

图7-2 校园内的狂欢活动

三是赛事有明星助阵、电视高清转播。“小五百”赛事拍成电影，激励小镇人一代又一代承继“小五百”骑行文化。一系列宣传举措，扩大了赛事的影响力。美国很多著名人士（图7-3）曾在“小五百”周观看赛事或出席学校音乐周。从2002年开始，印第安纳大学伯明顿分校杰出校友马克·库板开始用其名下的公司推广“小五百”赛事，人们可以通过电视观看该项赛事。对“小五百”赛事和布鲁明顿小镇影响较大的一部电影《Breaking Away》（脱离），在1979年奥斯卡电影节上获得5项提名，最终获得了最佳原创剧本奖。该电影以布鲁明顿4名青年的励志故事为主线，讲述男主最终通过获得“小五百”赛车的冠军而进入印第安纳大学学习的故事。该故事展示了青年人在青春期的迷茫，如何处理个性发展与融入集体之间的关系，通过参与骑行运动，体验到成长是一次历练，个体想要走向成熟，需要在集体之中去锻炼，只有将个人的事业与集体的事业结合起来，才显得更为有力量。影片获得很多好评，并在播出后极大地提升了布鲁明顿“小五百”赛事及印第安纳大学的名气。

布鲁明顿具有浓郁的艺术气息，小镇一年四季节日不断，主要有美国黑人艺术节、巧克力节、黑色嘉年华电影节、戏剧节、音乐会等。这个小镇以独具特色的骑行文化为核心，经历了70年的发展，经过一代又一代小镇人的文化承继，由大学扩展到小镇居民并得到广泛发展，最终形成具有浓郁特色的骑行小镇，堪称经典的赛事型特色小镇。

图 7-3　奥巴马观看比赛,引得观众尖叫

1. 尤金田径之城

(1)基本情况

尤金城建立于 1846 年,是美国俄勒冈州第三大城市,有着“翡翠之城”和“田径之城”的美称。尤金城以陆地为主,总面积 105 平方千米,其中陆地面积 104.9 平方千米。尤金城环境优美,是美国环保城市的先行者,曾被评为美国“最绿色”城市,是美国自然环境保护最好的城市之一,也是美国最适宜居住的城市之一,绿地面积占比 16%。著名的俄勒冈大学(University of Oregon)位于该城市的中心,也是该城市的著名标志。该大学建于 1876 年,以体育闻名,尤其是在 NCAA 联赛中,其篮球队曾获得 NCAA 首个冠军。与斯坦福大学、加州大学伯克利分校、南加州大学等同属 NCAA 第一等级的 PAC-12 赛区。俄勒冈大学同美国很多大学一样,是一个开放式的大学,该大学的一切资源同属于尤金这座城市。

(2)发展历程

尤金城的田径传统起源于俄勒冈大学田径队良好的运动成绩,仅在 2012 年伦敦奥运会,就为美国国家队输送了 10 名运动员,其中包括十项全能冠军阿什顿·伊顿(Ashton Eaton)。俄勒冈大学海沃德田径场(Hayward Field)是世界上较著名的田径场馆之一,它是尤金的心脏,曾是 2012 美国奥林匹克运动会田径项目的试练场地。2010 年,国际田径联合会将国际田径黄金联赛更改为全世界运动员都能参加的国际田联钻石联赛,并将赛事分布为 14 个站点进行举办,尤金成为 14 个举办地之一。美国仅有两座城市有资格举办该赛事,尤金城是其中之一,之后,每年这里都会举办国际田径钻石联赛。大型赛事的成功举办为尤金城带来了显著的名声,也为其带来了直接的经济利益,这些资源的出现,也给后续的运动员培训带来了支撑条件。大型的赛事同时激发了这个城市的人们的运动热情，不论什么季节什么天气，在路边、校园内、室内外都有跑步的人们，他们热爱体育的精神可以感染周围的人。

(3)发展特色

尤金城的座右铭是“热爱艺术和户外运动的伟大之城”。俄勒冈大学优秀的体育成绩提升了小镇的知名度，丰富的体育赛事带动了小镇居民的锻炼热情。据该校体育部副主任介绍，俄勒冈大学在美国高校中的体育排名的最高位次是第 10 名，学校年体育经费为 1 亿元左右；俄勒冈大学拥有 26 支代表队，运动队的训练几乎不需要学校投入费用，是全美 300 所自负盈亏的高校之一，拥有优良的体育设施；学校高水平的运动竞技成绩，为学校和尤金城带来更高的知名度。

充足的体育场馆为尤金城体育事业和大学体育的发展提供了保障。在俄勒冈大学参观时，我们询问了学校接待的负责人，对于学生运动员训练场地、比赛场地，普通大学生、周围居民是否可以进入。这位负责人回答，美国大学的体育场地一般分为两类，一类是专供学生运动员训练、比赛的场地，普通大学生、教师等是不能进入的，这类场地规模大、座位多、设施齐备，多数都是能够承担大型比赛需要的场地。另一类场地设施，是供学校师生及周边社区民众使用的场馆。俄勒冈大学体育设施先进，耐克公司创始人就是该校田径队员。学校橄榄球馆、田径馆就是由耐克公司赞助修建的。俄勒冈大学的橄榄球球场——奥德森体育场是全美排名前十名的观看橄榄球的最佳场地，可以容纳多达 54 000 名粉丝，每年场馆收入为 8 000 万美元。俄勒冈大学的篮球体育场是以俄勒冈大学校友菲尔奈特的儿子马修奈特的名字命名的，可容纳 12 364 名球迷观众。

美国高校体育赛事的市场化运作使得全美人们对于高校赛事的关注度极高。每年的 3 月，全国大学篮球决赛中，各家电视台都会针对这些内容进行转播，甚至是 24 小时的转播。很多城市的商场、酒店荧幕，包括街头广告、城市廊桥都有体育赛事广告，哪里都可以感受得到那扑面而来的体育文化。美国前总统奥巴马亲自参与全美校际篮球赛的胜负预测，并接见 NCAA 男女冠军队员。熟悉这个锦标赛的人一定都会觉得这个别称实在是太贴切了，因为赛事让整个美国沉浸在一种体育的盛况之中。按照福布斯所给出的分析，NCAA 全国男篮锦标赛中，尤其是四强赛中，其品牌价值达到了 1.55 亿美元。在全球最具商业价值的体育赛事中，这场赛事名列第 7 位，排名只低于超级碗、夏季奥运会、冬季奥运会、世界杯、摔跤比赛，且远高于美国职业联盟 NBA(美国男子职业篮球联赛)、MBL(北美职业棒球大联盟)、NHL(北美职业冰球联盟)全国总决赛的商业价值。“疯狂三月”的体育竞技意义是无法形容的,这一赛事对美国经济、文化、教育的影响是其他赛事无法比拟的。

美国大学生体育比赛的精彩程度绝对不亚于NBA,甚至比NBA更疯狂。在总决赛那天,连NBA也都很“知趣”地让道,因为他们知道,即便安排了比赛也不会有什么人去看的,那天几乎所有美国人关心的只有NCAA篮球锦标赛。当晚看完比赛,笔者的心情难以平静,与上海工程技术大学体育部主任谢敏教授一同在拉斯维加斯主干道上散步,城市商店大屏幕还在播放比赛的精彩场面,回到酒店打开电视,几乎一半的频道都在转播体育赛事。由此可以了解到,美国人对于体育赛事的热爱已达到了极高的水平,甚至可以说,体育是美国人生活中不可缺少的一部分。大学本身也注重品牌推广,如俄勒冈大学在社交网络推广学校文化,其官方网站粉丝数量很多。

大学体育联盟对大学体育赛事的组织、管理、宣传、运动员培养、体育文化氛围营造起到关键性的作用。NCAA的具体内涵指的是全美大学生体育协会,是美国所有大学都参与、加盟的一个协会。NCAA的一个关键任务,便是针对全美各大学体育赛事给予规则上的制定与执行,负责举办赛事,推广相应的体育活动。其中,最受欢迎的就是橄榄球联赛和篮球联赛。俄勒冈大学体育部负责人介绍,在美国大学体育竞技项目,橄榄球排名第一、篮球第二、棒球第三,第四才是冰球。NCCA共有三个级别1 281所成员高校,第一级别的351所成员高校都有篮球项目,他们分别隶属32个NCAA第一级别且有篮球联赛的分区联盟(有个别NCAA第一级别的大学并没有第一级别的篮球项目)。NCAA在管理上,体现了提供公平机会的原则。让32个分区联盟中每个联盟各自的锦标赛冠军都能直接晋级68强,确保了每个联盟不管强弱,至少都能有一支队伍入选全国锦标赛,而由于美国的分区联盟大多基于地域来划分,所以这就意味着这个赛事的参赛队伍遍及美国各个区域。这也奠定了该赛事在全美国的巨大影响力——美国的球迷大多都会热情甚至疯狂支持自己的母校或家乡的大学球队。俄勒冈大学属于PAC-12联盟之一,该联盟是其中的五大最强联盟中的一个。

二、经验启示

1. 赛事型体育小镇最好能依托人学体育资源

在美国,大多数小镇内建有大学,并由大学体育带动小镇体育形成特色的占据多数。通过对排名前150个有特色体育项目的小镇逐一调查发现,142个小镇拥有大学,这些大学的体育赛事成绩越好,举办的赛事知名度越高,其小镇的排名越靠前。基于以上赛事型小镇的分析能够了解到，这些小镇的盈利路径，主要是依靠赛事的举办带动当地旅游业的发展，对应的产业便是体育旅游业。对于大型体育赛事，其本身确实是可以归入体育旅游的产业层面，主办地需要软硬兼修，一方面，高标准的竞赛及训练场地是办好大型赛事的前提；另一方面，专业的赛事服务商和运营公司也是不可或缺的，确保这两个指标都达到出色水准，才能真正办好一次大型体育赛事。如果不能依托高校资源，体育场地的利用率很难得到提升，高水平赛事的组织、运营等都需要专业的人才。依托区内大学建立体育小镇，可以实现双收益。在国内，虽然大学的管理模式与国外不同，很难实现小镇和大学的完全融合，但随着全民健身战略的实施，高校体育场馆、设施免费对社会人员开放是大学体育管理的要求，因此，依托大学或是专业体育院校建设的体育小镇，或与专业体育院校合作，可以为体育小镇建设提供智力、消费力的支撑。

2. 实现"三个专业"

体育场地的标准化、专业化，体育场馆、设施的丰富和完善是举办赛事的首要条件。想要吸引大型赛事落户，就必须具有高标准的设施，两个小镇的场馆都是国际标准的场地，尤其是尤金场地。运营团队是否专业化，举办赛事能否起到带动小镇经济、社会、文化发展的作用，最主要的是看赛事的运作情况，无论是吸引大型的赛事落户还是培育独特的赛事 IP，在赛事组织、赛事服务、赛事宣传、赛事配套等方面运营的情况，直接决定了赛事的效益。例如"疯狂三月"为何如此疯狂？PAC－12 联盟国际部主管、中国上海人徐女士为我们介绍，在美国人对大学篮球广泛喜爱的深厚群众基础上，该赛事如此疯狂的一个主要现实因素在于：这种比赛采取的是淘汰制，一场定输赢。一场比赛结束之后，获胜的队伍则会马上晋级，而输了的队伍则马上被淘汰。对于 PAC－12 联盟而言，其不仅有 1 个支持覆盖到全美的电视台，还有 6 个覆盖到西部的地方电视台，这些电视台集中在旧金山、洛杉矶、凤凰城、西雅图、丹佛和波特兰。电视台转播赛事，可以通过卫星电视进行，也可以通过网络电视或有线电视等方式。电视台每年转播 350 项赛事，其中美式橄榄球赛事 35 项，男篮赛事 100 项，女篮赛事 40 项，以及全部 PAC－12 其他运动赛事；6 个地方电视台中，每个地区电视台专注本地区的两个大学举办的赛事，小镇大型赛事不仅为主办地带来资金支持，还提高了小镇居民对项目的认同感和荣誉感。场馆运营的专业化、小镇场馆的合理配置、引进何种类型的赛事、场馆的项目文化展示、设施的更新与维修等都需要专业的体育场馆的专业人士参与。

3. 举办"1＋N"丰富的赛事

单一的运动赛事或运动项目很难给游客或居民带来丰富的体验，体育小镇举办赛事或活动要建立以一个主要赛事和N个配套赛事相合的赛事体系。“1”个主要的赛事活动是指能长时间地延续举办，即小镇特色体育文化要在一代又一代人中开展，建立品牌；“N”个配套赛事是指要注重依托小镇居民体育运动习惯或小镇自然资源举办多元化、多种类的赛事，这样才能让小镇保持源源不断的发展动力，才可以引来大量的体育爱好者来小镇消费。高标准的体育场地建设及专业的赛事运营商对观众的最终观赛体验起着决定性作用。在赛事过程中围绕特色项目，开发了大量群众可以参与的体验式项目，如业余比赛、体育明星互动日等，让赛事型体育特色小镇的活动变得更为丰富、更具备活力。而在非赛季的时候，可以将这些场馆用于承办明星表演，也可以用于开办演唱会等，保证小镇吸收了持续的生存发展动力。

4. 配套服务要跟上

大型的赛事会迎来短时间内的人流和物流高峰，小镇的住宿、交通、餐饮等条件直接影响游客的满意度、运动员对主办方的评价。因此，要保证高质量地完成赛会期间的相关服务工作，确保赛事顺利完成，争取获得好的评价。

第二节　休闲型体育小镇

一、典型案例

1. 瑞士圣莫里茨(St. Moritz)滑雪小镇

(1)基本情况

圣莫里茨位于瑞士东南部格劳宾登州，占地面积28.7平方千米。小镇旁边是阿尔卑斯山峰，境内有著名的圣莫里茨湖(恩嘎丁山谷中最为重要的湖泊之一)。小镇居住区位于海拔1856米的阿尔卑斯山区，小镇的高山滑道海拔超过了3000米。最为可贵的是，这里并不会导致人出现高原反应，而被很多人称为滑雪胜地。优越的地理条件，让小镇每年有超过300天阳光普照的好天气。冬季最低气温出现在1月，最低气温不超过零下10 ℃；而最高气温出现在7月，也不会超过15 ℃。冬季适合滑雪、滑冰，夏季适合户外运动，一年四季客流不断。

小镇作为世界休闲度假胜地，交通便捷，住宿等配套设施齐全。小镇没有国字头的铁路，有雷蒂亚铁路公司(RhB)运营的“米轨”(轨道间距1米)，虽然是由私人公司运营，但和国家铁路网也紧密合作，出行很方便。圣莫里茨机场距离圣莫里茨镇5千米，是瑞士唯一的高海拔机场，主要接待来自苏黎世、日内瓦、米兰和慕尼黑的飞机，还提供私人飞机的起降服务，可以与很多国际机场对接，提供专门的包机服务。

小镇距离瑞士联邦第一大城市苏黎世 220 千米，坐火车约 3.5 小时，坐汽车约 2 小时。圣莫里茨距离达沃斯小镇 77.3 千米，坐火车约 1.5 小时。达沃斯小镇是因世界经济论坛而被人们熟知，后成为著名的滑雪胜地。圣莫里茨是以滑雪而闻名全世界，是瑞士唯一举办过两次奥林匹克冬季运动会的小镇。

(2)发展历程

在 1830 年之前，几乎很少人知道圣莫里茨，因被一位旅行家发现与介绍，使其逐渐成为“香槟小镇”“滑雪圣地”。由于山区交通设施不发达，工业成本高，小镇并不被外界所知。英国工业革命胜利后，产生了大量富有阶层，他们可以到处旅游。瑞士山区的清新空气和英国工业革命后严重的空气污染形成了鲜明的对比，包括圣莫里茨、达沃斯等在内的瑞士山区小镇开始成为有名的旅游目的地。

150 年前，瑞士的冬季旅游首先在圣莫里茨诞生，可以说，圣莫里茨带动了瑞士的冬季旅游。为了吸引贵族、富人到该地旅游，圣莫里茨早在 1907 年就创办了独特的赛事 IP，每年的 2 月，在圣莫里茨冰湖举行赛马比赛，一直延续至今。现在该项赛事已经打造成为集赛马、美食、音乐和各类创意展于一体的旅游产品，每年的圣莫里茨冰湖赛马都会吸引世界各地的游客前去观赏。

瑞士是世界著名的滑雪胜地，在这里举办了第二届和第五届冬季奥运会，而两次冬季奥运会的举办场地均在圣莫里茨。1929 年，瑞士圣莫里茨滑雪学校成立，这也是瑞士首家以滑雪为核心教学的学校。1934 年、1974 年、2003 年和 2017 年在这里分别举办了阿尔卑斯世界滑雪锦标赛。1985，小镇首创欧洲冰湖马球赛。至今，每年的 1 月，该地区都会举办马球世界杯，而且无须入场费，这成为小镇冬季旅游、休闲度假的一大看点。

(3)发展特色

首先，充分利用自然资源开展丰富多彩的体育运动。依托阿尔卑斯山脉和圣莫里茨湖的资源，冬季主要开展滑雪、冰湖赛马运动，夏季开展帆船、赛马、赛狗、板球、翼伞等一系列活动。在其附近区域，还设有 4 个面积较大的滑雪区，如尼尔山，迪亚沃勒扎等。滑雪道可以满足各个层级的滑雪爱好者，每个滑雪场还设有儿童滑雪场。小镇与山顶滑雪场之间设有轨道观光车。圣莫里茨除了有瑞士第一个滑雪的学校，还有一些滑板滑雪学校，而且学校可提供出租雪板的各类服务。传统赛事和创新赛事相结合。在过去的 200 年，小镇举行了平行障碍滑雪赛，还有赛马、板球、冰山高尔夫球、翼伞等 150 多种有趣并富于想象力的冰雪运动和夏季户外运动。

其次，圣莫里茨距离苏黎世仅 220 千米，小镇首先将游客群体定位为高端客户，从而打造高端旅游，滑雪、冰湖赛马、冰湖马球等贵族运动。对于该小镇而言，其豪华酒店密度在世界范围内都名列前茅。截至 2020 年底，五星级酒店的数量便达到 8 家之多，而这 8 家酒店有 2/3 都是由欧洲的富商投资建设而成，拥有百年的历史。有 24 家四星级酒店，民宿和特色酒店 120 家，近 1/3 的酒店是建在 20 世纪之前，酒店餐饮各具特色，有高级烹饪，也有阿尔卑斯山乡村佳肴。对于圣莫里茨温泉，其历史十分久远，甚至可以追溯至 3 000 多年前。这些温泉中拥有较多的矿物质，而部分酒店建有专门的温泉池。市中心的塞拉斯购物街长 300 米，拥有的世界顶级奢侈品牌便超过了 50 种，这里的新品更迭，较之巴黎更快。很多皇室人员、政客与富豪，多会选择在固定时间来这里度假。

另外，圣莫里茨在赛事期间还开设戏剧节、冰上艺术节、英国老爷车展、音乐周、高端美食节等形式多样、内容丰富的沉浸式游客体验和观赏项目，使赛事效益最大化。小镇优越的地理位置、良好的生态环境和气候条件，吸引了很多名人前来游玩、居住。如塞冈蒂尼有着“阿尔卑斯的画家”的美誉，其创作的作品往往与自然、生命与死亡存在着关联。他在 36 岁的时候，选择在圣莫里茨定居，于 41 岁去世。为纪念他，小镇建有塞根蒂尼美术馆（图 7 –4），展示其画作。电影《金手指》（1964 年）和《只为你的双眼》（1981 年）均在圣莫里茨小镇取景，詹姆斯 · 邦德的影迷也会到此地打卡。

图 7 –4　塞根蒂尼美术馆

2. 法国霞慕尼小镇

（1）基本情况

霞慕尼小镇位于法国中部东侧，与瑞士、意大利相近，处在阿尔卑斯主峰之下的山谷中。小镇的海拔大约为1035米，且位于山谷之中，也可以作为登山的起点；而主峰勃朗峰，更是天然的登山资源。正因如此，霞慕尼小镇逐渐演变为现代登山运动的起点，被称为“户外爱好者的乐园”“滑雪者的天堂”。每年进入该小镇的游客与登山爱好者超过了200万次。

（2）发展历程

霞慕尼小镇作为体育小镇，具有浓厚的历史积淀。早在1786年，帕卡尔、巴尔玛实现了勃朗峰登顶的目标，而这也彻底掀起了欧洲登山运动的浪潮。而处在勃朗峰之下的霞慕尼小镇，在登山活动中，也便成为一个神圣的存在。1821年，该小镇组成了一个34人的向导小组，登山服务业务从这里开始。1924年，第一届冬季奥运会选择在这里举办，一些滑雪训练基地也选择在这里落户。至此，整个小镇逐渐具备了体育小镇的性质与规模。

（3）发展特色

核心运动基础，多元体验拓展。由表7－1可知，霞慕尼小镇的发展最初只有登山运动，而随着发展，其逐渐演变为溪降、滑雪、攀冰、滑翔伞等一系列运动。对于霞慕尼小镇而言，登山是其核心产业，在吸引了无数登山游客的同时，还在体育项目、文化艺术、休闲、产业等各方面做了开发，采取的是多元化发展路径。在服务内容层面，从单纯的登山发展为“登山＋休闲＋运动”，显著强化了霞慕尼小镇的知名度，也打造了丰富的运动资源，除了攀岩外，溪降、滑雪、攀冰、滑翔伞等也取得了不错的效果。

表7－1　霞慕尼小镇四季体验项目表

季节	运动体验项目
春(3—5月)	高山攀岩、滑雪项目等
夏(6—8月)	溪降、登山、滑翔伞项目等
秋(9—11月)	登山、高山攀岩、滑翔伞、自行车项目等
冬(12—次年2月)	攀冰、滑冰、高山滑雪、冰球项目等

冬季奥运会的成功举办，也让该小镇在世界上的知名度得到了显著提升，同时完善了其体育产业。1924年，首届冬季奥运会便选择在霞慕尼小镇开展，为了更好地举办奥运会，该小镇专门设置了相应的冰球场、滑冰场，而这里优越的条件，也吸引了滑雪训练基地的入驻。此外，一些高级别越野比赛也选择在这里举办，如环勃朗峰超级越野赛（UTMB）等，2016年该赛事吸引超过2000名越野跑精英和数万名跑步爱好者参与。主动促进高山冰雪项目的举办与接待

服务设备的优化，也为当地的住宿、教育培训、经济发展等带来了极大的收益。

随着商业、教育、医疗等方面的不断完善，加上高山休闲旅游不断吸引更多游客，该小镇在发展模式上再次改变，从山地运动逐渐向山地度假转型。客观来看，霞慕尼小镇的休闲产业链可以称得上是完备的。在向导方面，在专业向导企业中，在册的职业登山向导数量达到了150名，可以为游客提供充分的登山、滑雪、攀岩等各方面的服务。从住宿层面来说，无论是露营营地、家庭旅馆、青年旅社还是星级酒店，都是出色的，多达50余家，此外，还可向游客提供租赁等各类服务。在商业方面，有纪念品、专业工具与装备等40余家体育商品店，餐饮上支持西式休闲、传统美食等。在医疗方面，更是形成了一套完备的体系，不仅支持急诊，还设有医院，甚至布置了研究中心。在观光交通方面，20世纪50年代中期缆车道正式被使用，将海拔1035米的沙木尼与海拔3842米的南针峰连接起来，除了能够让旅游者领略到这些冰雪风景，更为登山者与滑雪者带来了很大便利。

二、经验启示

1. 独特的自然资源，因地制宜的开发机制

充分利用自然环境及气候环境。因雪期长、地势合理就顺势开发冰雪项目；海浪等级适中、频率高就开发水上项目。充分利用自然资源及气候环境既减少了资金投入，又缩短了小镇的建设周期。

2. 以体验性强、娱乐性强的项目为主，服务对象覆盖全年龄段

现行知名的休闲型体育特色小镇的开发，将体验性强、娱乐性强的项目作为主要的经营项目，配以有专业技术的工作职员，使服务对象能够较好地在短期内拥有各类休闲体育项目的体验。同时，针对不同年龄段开发相适应的参与项目、周边产品、餐饮食宿等，使来到小镇的人均能够寻找适宜自己的项目，这更有利于二次消费时免除对于家庭成员各自喜好、身体状况不同带来的行前顾虑，有效提升了小镇的流量。

3. 重视“赛”“会”“节日”的打造

通过举办相关的赛事、节日活动、展会或商务会议等，提升小镇的知名度，吸引游客，延长游客的停留时间。该类型小镇的赛事以地方性、固定群体、趣味性为主。例如圣莫里茨以冰湖跑马赛事为主，而霞慕尼则以举办青少年滑雪比赛为主。展会或者会议对经济效益的带动大，据学者测算，全球展览业的产业带动大概可以达到1∶9，也就是展览场馆的收入是1，有关的产业收入则可以达到9。由案例可知，两个小镇均举办了丰富的艺术节、美食节、电影节等活动，丰

富了游客的体验感受，并成功留住了游客。

第三节　康体型体育小镇

一、典型案例

印度普纳奥修国际静心村是典型的康体型体育小镇，初期由宗教人物奥修创立，之后逐步发展成为全球最庞大的康体型体育特色小镇。全球的奥修品牌静心村已建立多于250个，为数十万人服务。

印度普纳奥修国际静心村的目标定位是成为全球最突出的身心治疗与发展中心。它位于印度孟买东南200千米处，占地面积约16万平方米，由奥修门徒于1974年创立。从孟买机场坐大巴车直接到达普纳，约三四个小时。1987年重建并拓展了功能，将“多元”作为一个核心点来建设，其学院中存在性质不同的项目多达11个，最主要的便是奥修国际静心村、艾扬格瑜伽学院，配套建有户外餐厅、健身房、游泳池等；不仅可以提供短期的体验，也支持长期居住和学习与研究，还开设面向儿童青少年的相应课程。

1. 发展历程

瑜伽起源于印度，慢慢向全世界发展。1974年，印度哲学大师奥修的门徒以奥修之名建设了奥修国际静心中心。起初，小镇只是瑜伽爱好者练习、修身静心的地方。1987年，瑜伽文化逐渐衍生各类哲学、静修以及身体疗养等活动。以瑜伽大师的名号打造品牌，增强对游客的吸引力，并以社区形式增强游客黏性。课程丰富多元，提供个性化治疗方案、团体活动或课程研修；提供舒适的配套环境，通过免费体验课程、配套设施等增加游客的体验感。

2. 发展特色

印度普纳奥修国际静心村的项目跟我国的很多体育小镇的建设相似，依据某一个项目而建设成体育旅游小镇。普纳奥修国际静心村的发展特色主要有以下三点：

一是小镇的定位明确，通过营造神秘感，提升影响力，吸引更多的游客到小镇游玩。奥修是印度有名的哲学大师，他所倡导的“回归人的本性，随心所欲，日常修行不是为了折磨自己，而是为了更好地生活”的观点受到很多人的推崇，正因为如此，奥修国际静心村才会吸引那些想要释放自我、更好生活的人们。

二是小镇犹如世外桃源，随处可见具有禅意的石头佛像、园林风景、黑色金字塔形状的礼堂，以及以庄子殿、老子花园、佛陀竹林等命名的房子和建筑。所有的文化标识都凸显了禅意。小镇有一套规范化的管理程序，如每一个进入小镇的游客都必须接受艾滋病检验、购买餐饮优惠券、穿着棕红色和白色袍子。进入小镇前，游客要换上当地的服装，如白天的着装方面，具体是棕红色袍子，晚上则需要穿白色袍子。据说这种穿着的安排，与日月能量的吸收存在关系。在所有人都穿着一样的衣服的时候，彼此之间的身份、年龄、国籍等区别也便被弱化了，更容易消除差别，以更简单的方式专注自我。无论参加何种体验，心灵导师都会灌输给游客一种思想——按照自己的意愿去生活，强调心灵的修行，身心的平衡，获得心灵的自由，不要生活在别人的眼光里。正是在如此惬意、放松的环境中生活，游客们流连忘返。小镇上以居住一个月及以上的游客居多，每年的收益达到 14 亿人民币。

三是小镇开设丰富的体验产品。一日游、两日游体验课程，7 天静心之旅，“神秘玫瑰”等课程非常丰富，主要是结合瑜伽的养生、养心方法来培训。不同的体验课程会有专门的导师为其制定行程安排，每一种体验课程都有专业的指导员（导游）为游客安排好行程，尤其是对于第一次进入小镇的游客，需要按照导师的安排完成每一项体验活动，活动的内容主要是引导游客如何放松身心、寻找内心的平衡。此外，还有特别为儿童和青少年开设的课程，让他们从小就有一个心灵健康成长的环境。不参与规定体验课程的游客可以自己决定行程。小镇从早上六点到晚上十点都会有不同的冥想课程。小镇倡导游客可以根据自己的兴趣爱好进行选择。在小镇上，游客可以完全依据自己的兴趣，按照能让自己身心放松的方式生活。奥修国际静修村的另外一大特色是奥修的学员在经过一段时间的静修，完成静修课程并通过结业考核后会获得结业证书。得到证书的学员，能够为社区需求者给予一定的咨询服务，也可以在世界奥修中心设置自己的课程。同时，奥修国际静心村的课程以冥想静心为主，并将这种思维与马术、户外、游泳等运动结合，强化与大自然的接触。其在配套方面，不仅设置有相对轻松的酒店式公寓，也设置有丰富的图书馆藏、有机素食餐厅、咖啡厅、网球场、游泳馆、健身房等，这些与体育养生产业、旅游业关联在一起；针对周边产品也做了一定的开发、推广，形成了一系列的规范性服务。通过心理疏导、长短期课程，主张静心修身，体育特色小镇能够吸引大量游客，甚至让其成为小镇的常住人口。

二、经验启示

康体型体育特色小镇以宜居环境为建设背景，使前来进行康复和理疗的人在良好的自然环境中，配合专业的运动康复指导和心理咨询，能达到全身心的康复。横向对比休闲型体育小镇，这些运动项目表现为另一类特征，即风险低、运动频率低、运动量小，更为侧重的是内在的修养、修心，多针对比较高端的群体，其所面对的受众人群虽然不大，但消费频率与额度却是较为可观的。

康体型体育小镇侧重的是养生与健康，其目标是中老年人，还有一些亚健康、追求心灵慰藉的高端人士，构成有针对性的、优化的健康服务和配套设施。侧重打造一套别样的健康的生活方式，对专业人才和居住环境有较高的要求，对于小镇的自然资源和人文资源的依赖性较强，呈现出典型的前期投入大、回报周期长的特点。

注重营造独特的体验感受，创新宣传内容，突出卖点。该类型的体育小镇无论是以运动干预、康复理疗、伤病治疗为主的业态形式，还是以保养、放松身心为主的业态形式，都围绕小镇文化资源或自然资源讲故事，制造小镇“引爆点”。例如，奥修国际静心村挖掘奥修的故事；德国巴德克罗钦根围绕温泉讲故事。

第四节　产业型体育小镇

一、典型案例

蒙特贝卢纳小镇是意大利特雷维索省的一个小镇，紧邻意大利的制革中心佛罗伦萨，以体育制造闻名。13 世纪之前，因蒙特贝卢纳小镇周围有很多的山，所以出现了伐木业，并且以伐木业为主要产业。由于伐木工人的需求，该小镇开始为伐木工人制造登山鞋。14—17 世纪，受到文艺复兴的影响，随着农业自给自足以及制造业的不断传播，小镇开始出现小规模的制造业并开始生产鞋子，自此，蒙特贝卢纳小镇的制鞋业开始萌芽。17 世纪以后，小镇制鞋业得以不断发展。19 世纪开始，随着欧洲登山运动的兴起，小镇开始制造登山靴子。

1. 发展历程

从 20 世纪 70 年代开始，由于高超的制造工艺及可靠的产品质量，蒙特贝卢纳小镇制造的冰刀、滑雪靴走向国际市场，得到了广泛赞誉，并取得了“冰雪产业之都”的称号。现在，蒙特贝卢纳小镇依旧在登山鞋、冰刀鞋、滑雪靴、赛车靴市场中占据着主导地位。它俨然是意大利唯一一个专门生产体育用品的产业区，年产值多于 15 亿欧元。全区域内针对运动性与运动装备生产，持续集合了全生态链的各环节企业，如橡胶供应、产品设计、配件制造、物流运输等，此类配套企业的持续完善、分工持续具体化也让此区域内构成了一个丰富而且高效的生产体系。为了更好发展其产业，当地政府还出台了政策，重视技工培训、设置学校，针对私人培训机构也给予了大力支持，这方面不仅为当地体育用品产业提供了保障，也促进了人们的就业，同时带动了教育行业的发展。

2. 发展特色

蒙特贝卢纳小镇有着悠久的制鞋历史，为生产运动鞋类奠定了基础。小镇生产的鞋子的品质和名气为小镇制造运动鞋类提供了潜在的优势。因此，此类型体育特色小镇来自产业集群化发展，构成产前、产中、产后一体化的建设方式。在形成初期，个别企业以单一产品（如运动鞋制造）的生产研发为起点，逐步在产品线上围绕目标项目而逐渐丰富起来。在这一期间，产业集群化问题更加突出，围绕体育用品制造商的配套和服务公司逐渐聚拢。

国际化视野和科技发展带动集群化现象演进，并由第二产业向第三产业延伸。小镇培育了很多顶级国际户外品牌，国际知名运动品牌加入，使得蒙特贝卢纳小镇逐渐成为享誉国际的冰雪产业之都。国际知名企业的入驻，以及科技展厅和主题乐园的开发对于体育旅游的影响力也是不容忽视的。体育用品产业与体育旅游融合发展，并由第二产业向第三产业延伸，在传统体育用品销售的基础上，拓展目标客户人群，最终达到提高产业价值的目的。

蒙特贝卢纳体育小镇已形成内部产业链，长期的制造经历也不断提升了小镇内产业链中各环节企业的技术水平，这也吸引了更多国际知名企业入驻。在这些企业享受到高水平的生产制造服务的同时，也为小镇开阔了国际化视野（设计、发展、市场、消费习惯），形成了良性循环。而小镇内以传统制造业为核心得到进一步丰富与拓展，涉及物流、金融、科技体验等各方面，发展出了以服务为主体的第三产业。

二、经验启示

1. 小镇位于大城市周边或临近原材料供应城市

产业型小镇相比较于赛事型、休闲型小镇而言，要在生产成本上具有绝对优势才能迅速启动。小镇的选址应综合考虑地价成本、劳动力成本、运输成本等，尽量减小生产的成本才能赢得更大的收益。

2. 合理布局，注重全产业生态链的营造

产业型体育特色小镇发展模型如图 7 – 5 所示，体育制造业的服务链条较长，产业的研发、设计，产中的原材料来源、质量把控、生产技术，产后的销售、售后服务，以及衍生的配套服务等涉及的企业类型较多。因此，小镇的规划布局决定了小镇产业能否做大、做强。

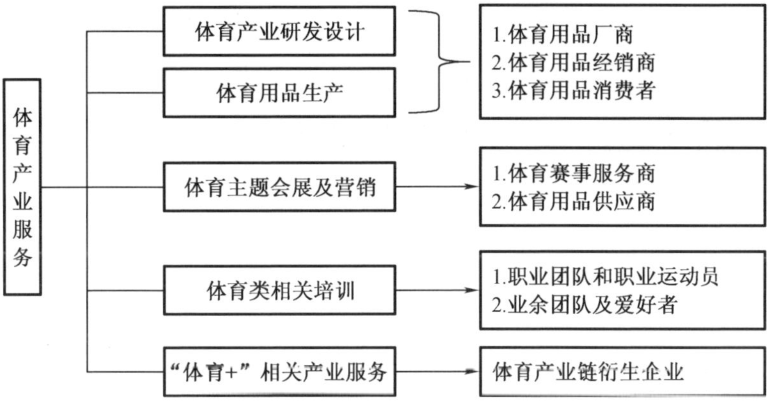

图7-5 产业型体育特色小镇发展模型

3.转变发展思路,不断寻求产业转型升级

新时期的城镇化建设对绿色、环保、科技的要求越来越高,传统制造业的转型升级势在必行。互联网技术、高科技产品在体育领域的应用,都给体育产业的发展带来了新的要求和发展机遇。

小　结

本章通过对国外赛事型、休闲型、康体型以及产业型体育小镇的典型案例进行分析,总结国外体育小镇建设的经验,提出可借鉴的参考路径。国外赛事型体育小镇大多依托大学体育资源,实现了体育场地标准化、体育赛事运用团队的专业化。休闲型体育小镇主要依靠独特的自然资源,采用因地制宜的开发机制;以体验性强、娱乐性强的项目为主,服务对象覆盖全年龄段;重视"赛""会""节日"的打造。康体型体育小镇注重整体的规划,以依托环境为主,目标群体明确,注重营造独特的体验感受,创新宣传内容,突出卖点。产业型体育小镇选址以位于大城市周边或临近原材料供应城市为主;产业布局合理,注重全产业生态链的营造;不断寻求新的突破,注重产业转型升级。

第八章　新时代我国体育小镇的建设路径

第一节　体育小镇的成功要素

目前,体育小镇建设正在进入由追求数量到注重质量的新时期,因此,找准体育小镇成功的要素,是当下亟须探究清楚的事情。本书通过分析国外6个著名体育小镇的成功经验,并在结合我国现阶段建设比较好的特色小镇实践案例的基础上,提出我国体育小镇有效发展的四个因素。

一、体育小镇要有"灵魂"

1. 文化是体育小镇的灵魂

世界各地许许多多有特色的小镇没有一个是靠短期规划和开发区式的建设而成的,它是当地自然环境、人文历史、生活方式甚至宗教信仰经过长年积累并形成当地的特色经济而功成名就的。从中国旅游小镇和国外特色小镇建设经验看,小镇的文化才是小镇建设的软实力,是小镇建设的核心竞争力。

文化对特色小镇建设是极其重要的。在文化多样化、政治多极化及思想多样化的全球化进程中,一个伟大的民族不能不以自己独具特色的文化作为其民族品格。在全国范围内开启的"特色小镇"建设浪潮中,只有深入挖掘小镇地域特色、文化特色,才能激发小镇发展的内生力,小镇才具有真正意义上的特色。体育小镇的文化内涵丰富,小镇的建筑文化、场馆文化、企业文化、产品文化、体育传统、居民的体育锻炼意识和习惯、传统体育文化内涵、赛事文化等的积淀,是小镇可被识别的文化标识。小镇的体育特色、吸引力、引爆点均需要依靠地域体育文化的内涵支撑。体育小镇之所以能够在较小空间范围内产生全国乃至全球知名的效应,起主要作用的是其独特的文化IP或体育赛事IP。

2. 文化底蕴深厚的体育小镇更具有吸引力

特色小镇在全国范围内得到推广,得益于浙江省实践探索取得了可喜的成绩,为在全国建设特色小镇提供了示范。但浙江省的特色小镇并非行政层面设定出来的建制镇，也并非产业园，正是因为其非城非区的特点，才让部分平地起高楼的特色小镇在短时间内取得了显著的成效。非城非区的小镇承载的一个现实任务，便是辅助城市化过渡。

一些专家认为，浙江的一些特色小镇在建设层面，并没有认真挖掘自身的优势与资源特色，采取简单模仿的方式，丧失了原汁原味的风格与气质，导致在特色上不够鲜明、不够吸引人。从国外体育小镇建设的成功经验可知，国外体育小镇是建立在小镇体育运动悠久的历史上的，也就是说，小镇体育历史积淀深厚，很多小镇一项赛事的举办能够连续50年甚至上百年。体育小镇的场馆、小镇的形象设计、小镇的主要建筑设计等，都能够体现某项运动的典型特征，即体育文化符号融入小镇各项建设中。以国际象棋小镇斯特勒贝克为例，小镇内客栈、教堂、广场、书店、商店、饭店、民居等所有的建筑物上，都巧妙地融入了象棋图案。下棋也体现在小镇居民的各项生活细节中。小镇居民的聚会、节庆活动，甚至婚礼都与下象棋有关。来到小镇上的人都会被这种浓厚的文化氛围吸引甚至感动，会不由自主地想要驻足观赏比赛，会下棋的人摩拳擦掌，想要参与比赛。尤金这座以举办田径赛事为主的城市，其座右铭是“追求艺术和户外活动的伟大之城”。我国特色小镇日照被称为“水上之都”，中山国际棒球小镇是“中国棒球之父”梁扶初的家乡，这样的文化内核吸引了众多的投资商。为此，体育文化内涵丰富、文化底蕴深厚的小镇才更具吸引力，更容易获得资金的投入，有望取得成功。

3. 文化传承与创新是体育小镇发展的原动力

亨廷顿提出：“在这一新的世界里，最为通常、最为关键与最为危险的冲突并非社会等级之间、贫困者与富裕者之间，或者别的以经济来细分的企业之间的冲突，而是属于不同文化实体的人民之间的冲突。”对于共同体而言，其存在着一个相同的精神纽带，而这个纽带串联着每个人，也是文化凝聚力的现实体现。对于体育小镇建设而言，人们需要切实重视文化的凝聚力。在体育小镇这种新型的聚落环境中，需要将文化凝聚力的培育作为一个关键点来抓，切实重视成员之间的精神纽带重构与建设，通过文化的渗透、感染、辐射、凝聚，让所有人都形成一个共同体。体育传统文化应该积极融入特色小镇之中，小镇本身拥有深厚的历史文化底蕴，是小镇居民的共同记忆，也是小镇居民不可割舍的内容。当下的特色小镇建设，是为了推动农民与伪市民（他们往返于城市和农村之间，在城市没有家，却被归属为城市居民）逐渐取得市民身份而努力。所以，传承文化更容易消解体育小镇新社区内的文化冲突。特色小镇的建设虽然受产业驱动而实现发展，但此方式同之前涉及开发区在内的诸种发展方式相比，最为突出的一个特点，或许是文化的创新和再造被放在前所未有的重要位置。在新的发展时期，文化传承、再造、创新有着鲜明的精神价值。因此，只有文化的传承与创新相结合，才能实现体育小镇的发展。

二、体育小镇要有“源泉”

1. 核心运动项目是体育小镇的特色

体育小镇不同于其他类型特色小镇的地方是具有体育特色，不同类型体育小镇的特色体现在小镇核心运动项目上。一般而言，核心运动项目只有一项。根据消费心理学的理论，一个产品首先引起并能被消费者记住的特征只有一个，体育小镇作为“宜游”的产品，在宣传、推销的过程中固然有很多的特征，但能被游客记住的或许只有一个，所以，体育小镇的建设一定要依据自然资源、人文资源选择一个核心项目进行重点打造，而不是运动项目的集合体。例如，新西兰皇后小镇的核心项目是户外运动、达沃斯小镇的核心项目是滑雪、尤金城的核心项目是田径、温布尔登小镇的核心项目是网球等。我国可以发展的体育小镇其实很多，比如，乒乓球小镇、羽毛球小镇、杂技小镇、网球小镇、滑雪小镇、帆船小镇、水上运动小镇、登山小镇、竞走小镇、滑冰小镇、跳水小镇、投掷小镇、举重小镇、舞蹈小镇、赛马小镇、赛牛小镇、落子舞小镇、太极拳小镇、武术小镇等；再细分还可以有少林小镇、武当小镇、洪拳小镇、螳螂拳小镇、醉拳小镇、形意拳小镇、咏春拳小镇等。小镇的类型特色既有传统的，也有现代的；既有国际的，也有乡野的；既有百花齐放，也有独树一帜。

2. 体育产业集聚是小镇的生命力

围绕核心项目进行体育产业化生产经营，通过体育产业集聚，形成产业发展的生态链乃是特色小镇生命力所在。只有激发体育产业的造血功能，产生经济效益，实现政府、企业、民众的多方受益，才能维持体育小镇的建设；而如果体育产业的发展不能实现造血功能，体育产业将沦为小镇建设的“配角”。

3. 著名体育小镇大都是“体育 + N”的产业布局

纵观国内外体育小镇的建设实践，只有实现体育产业和其他产业的结合，小镇才能持续发展。现有成功的体育小镇以“体育 + 旅游”为主，以体育赛事为引擎，带动旅游业的发展。尤其是在我国，体育产业发展的基础薄弱，正处于产业周期的初期阶段，表现出规模化投入水平持续优化，产出水平增长速度慢、效率水平降低等较为突出的特征。体育产业在政府培育过程中被称为投入大、见效慢的产业。体育小镇的建设“资金投入大，必须引入社会资本才能化解公共财政压力过大的矛盾”。从江苏省 14 个体育健康小镇的中期评审报告可以看出，在体育小镇建设初期，体育产业的产出不到投入的一半，在公共体育设施、专业体育项目场地设施、配套设施的投入占了很大的比例。有学者指出，“由于我国体育产业市场化程度低，造成我国城镇化进程与体育产业发展之间仅存在单向因果关系，城镇化水平的提高推动了体育产业的发展，但是体育产业的发展还不能有效地提升城镇化水平”。所以，在体育小镇发展的开始阶段，体育产业并不是一蹴而就的，还需要依附小镇原有产业基础或其他成熟产业协助，慢慢实现体育产业的特色。体育产业的溢出效应和带动效应是吸引各地发展体育产业的重要因素之一，赛事举办对旅游业的带动，体育制造对小镇居民生活质量的改善，康体小镇对居民体育锻炼意识的提升、对提高体育消费等都有影响，因此，体育小镇“体育 + N”的产业布局比较利于小镇取得成功。“N”包含体育产品、用具制造、设施建设、场馆运营、赛事举办、群众运动、旅游、特色商品等。

三、体育小镇的体制机制要“创新”

成功的体育小镇普遍采用了在政府引导、企业主体、市场运作、产业跟进中创新培育模式和土地利用机制，拓宽了资金来源渠道，形成了灵活的运行机制。主要表现在以下两个方面：

1. 体制灵活、创新，更能吸引投资商

体制主要是指规则、制度。体育小镇建设不同于体育项目训练基地、体育公园的建设，也与传统的本地城镇化在组织形式、管理方式、经济策略等方面存在差异。无论是外培型的体育小镇还是内生型的体育小镇，都需要新的生存空间。原有的建制镇或地级市的统管模式会限制体育小镇的空间设计、建设进程、融资等。目前国内体育小镇建设主要采取省地共建、企业主导、PPP 三种方式。三种方式各自存在优势和不足，然而不论采取哪种方式，意欲突破传统体制对体育小镇建设的制约。

2. 政府有作为，要素支持实

体育小镇建设需要多方面的要素支持，政府部门要充分发挥引导作用，主动作为，为小镇建设提供以土地为核心的稀缺要素，这样有利于推动体育小镇的建设。当下体育小镇建设遇到的最大问题是土地限制，这是造成小镇建设进度慢、投资商无法进入的原因。想要发展体育小镇，拥有相应场地是一个基础性前提。所以，当下需要在土地逐渐缩减的情况，以生态环境保护和小镇居民生活环境改善为前提，盘活土地资源，对现有场馆设施进行改造升级，合理利用旧厂房和工业用地，改善用地结构。

四、体育小镇要有“优势”

体育小镇的资源优势主要有区位优势、自然资源优势、人文资源优势、人才资源优势等。成功的体育小镇都会有一到两项资源优势,如果能兼具三项及以上的优势资源,小镇更容易取得成功。体育小镇的建设要整合资源,发挥资源的优势互补,形成竞争优势。

1. 具有区位优势的小镇更容易取得成功

区域协同发展是新型城镇发展建设的重要战略。不同区域的小镇发展战略会有所不同,体育小镇所在的区域位置决定了小镇发展的经济基础、产业基础、客户群体、交通条件等。现有实践证明,区位优势越明显,体育小镇的起步和发展速度越快。如长三角一体化已然不是区域战略,而是国家战略;安徽、浙江与江苏三地的体育小镇建设因区位优势而取得的成效显著。兰州什川运动小镇因为地理位置偏僻、交通不便、资源匮乏,一直停滞不前。中山国际棒球小镇位于粤港澳大湾区的腹地,拥有香港、澳门的客户资源,吸引众多的投资商。太仓电竞小镇位于太仓科教新城,接轨上海的发展定位。

2. 人才是制约体育小镇建设的重要因素

从调研中发现,体育专业人才不足是限制体育小镇建设的关键因素。2021 年,某人力资源服务商发布《2021 上半年度体育产业人才供需简报》。数据表明,体育行业中一半以上的运营/市场类职位需要求职人员掌握综合型技术,体育小镇更加需要综合型人才,然而已有体育人才供给七成以上为教育类人才,职业和商业化的专业人才仍较为稀缺。美国大部分的体育小镇是依托大学资源建设而成,很好地满足了小镇发展所需的专业人才。国外成熟的体育小镇内均设有专业的培训学校,原因:一是推进项目的全面流行,达到不同群体锻炼的要求;二是为小镇的发展提供专业的人才。但在国内体育小镇的建设实践中,体育人才的供给严重制约了体育小镇的发展。

第二节　体育小镇建设需注意的问题

一、体育小镇“产城”融合的问题

伴随我国新型的城镇化建设，“产”与“城”两者之间逐渐从分离走向融合，而产业的进一步凝聚与优化，带来了人口的集聚，而这也会促使城镇化加快。反过来，城镇化的发展，也可以为产业提供市场需求和发展空间。若城镇没有产业作为支撑，必然无法实现持续的良性的发展；而如果产业没有依靠城镇，则各方面的资源配置难以跟进，必然会对相应资源的集聚带来负面影响，不利于产业发展。所以，体育特色小镇建设要重视“产”和“城”的相互帮助、共进共荣的关系。从体育产业集群与新型城镇化的融合角度来看，体育产业集群和新型城镇化之间的关系密切，但前提必须与城镇建设规模、人口密度匹配。体育产业发展不仅服务于小镇的经济建设，更应为体育小镇人文环境和社会环境的构建做出贡献。在实地调研的过程中发现，体育小镇建设过程中，产业发展和小镇建设分离现象较严重，造成了小镇居民参与度低、无法吸引高层次人才、生态环境破坏严重等问题。

二、体育小镇功能联动的问题

功能的联动指各种功能相互联系，形成统一体。体育小镇的功能主要有体育经济和体育服务两大功能，其中体育服务是本质功能，体育经济有利于体育服务功能的延伸和优化。处理好体育小镇功能联动就是要实现体育服务与体育经济的融合发展，促进小镇全民健身事业的发展，需要将健身、教育、交通、健康、文化、农林、水利等各类业态做科学把握与分析，形成产业链、服务圈。体育小镇功能联动的难点在于体育服务与其他相关业态融合的深度和广度。只有深度，缺少广度，只能称之为一个建设项目；只有广度，缺少深度，则没有特色。在有限的空间里要实现充分融合体育产业功能、体育旅游功能、体育文化功能、社区体育功能，难度可想而知。这就可能导致在功能设施上游离于既有城区的问题，造成体育特色小镇在城市功能配备上有可能形成“螺蛳壳里做道场”的问题，应值得重视。

三、体育小镇“特色”的问题

体育小镇的“特色”是在建设过程中不断筛选、优化、沉淀而形成的，其最终体现的是体育物质基础之上的小镇体育文化。建设有文化特色和文化内涵、存在一定的文化依托、以文化发展作为根本目标与主要内容的体育城镇,是体育小镇"特色"的关键所在。考虑到当下国内体育特色小镇的建设,并非自行发展的,而是在政府主导之下,有序推动实现的,更加明显的"人为"色彩造成"特色"的趋同,从而失去"特色"的本来含义。尤其是一些小镇,追求"特色"时过多考量的是经济指标,让特色失去了吸引力;而相应的文化,也只是一个虚假的招牌。

四、PPP 模式的运作问题

PPP 模式国家体育总局及地方政府推崇的发展模式,是缓解小镇建设财政危机的重要方式。然而我国体育产业依然处在发展的起步阶段,体育产业的企业对小镇的投入多局限于智力和操作层面,因此对体育小镇的投资有限。部分小镇政府为吸引投资,未能充分发挥主导和协调作用,将建设和运营权交给房地产企业和旅游企业,造成体育小镇建设仅靠几场赛事去赢得短期效益,缺乏体育产业集聚、产业链打造的全局规划,影响体育小镇的可持续建设。

第三节　体育小镇建设的路径

体育小镇建设因经济基础、社会环境、政策因素等的不同而具有不同的发展策略,但无论何种类型的小镇,要想长久发展都要形成前规划、后评估的完整闭环。本书从体育小镇建设的各个环节提出小镇建设的路径。

一、体育小镇的规划措施

一座城市,只有对其科学地规划才能拥有健康、安全、宜居的未来。体育小镇建设不同于以往"本地城镇化"和其他类型的特色小镇,只有科学合理、高质量的规划才能引领体育小镇取得成功。在发展理念层面,需要将绿色、开放、创新、协调与共享等作为基本的原则。

1. 规划设计遵循的四大原则

创新性原则。体育小镇要作为体育产业供给侧结构性改革、创新创业、旅游产业转型升级、产业结构性改革的平台,规划设计的创新可以体现在小镇的空间布局、人才引进、基础设施配备、小镇的运营机制、管理体系、发展理念等方面。

科学性原则。只有科学、合理的空间结构安排、产业布局、要素投入等,才能避免体育小镇建设出现地产化、破坏生态环境、城市病等问题。

集约化原则。体育小镇作为“小而美、小而精”的特色小镇，在规划过程中要依据地方资源和发展目标，对小镇内场馆设施的类型、数量以及位置做详细的规划，避免贪多求大，造成土地资源的浪费。

可持续发展原则。小镇的规划具有引领作用，在规划设计中要体现如何实现小镇的经济可持续增长，社会环境、人文环境的持续改善，体育产业的核心产业、配套产业的阶段性目标和发展的总体目标，对大型体育场馆的配置、公共体育设施的投入等要遵循可持续发展的理念，避免出现为了举办大型赛事而兴建大型场馆，未对场馆的后续运营管理做规划，造成资源浪费。

2. 战略定位、比较优势及差异化

体育小镇建设的首要问题是明确体育小镇的战略定位。体育小镇的战略定位决定了体育小镇建设的方向、体育小镇的类型以及如何推动体育小镇的建设。

要突出体育小镇的竞争优势。体育小镇的资源禀赋、要素条件、政策支持等不同，因此，首先要找到体育小镇的比较优势，进行差异化定位，才能避免吸引力不足、千镇一面的现象。

政府主管部门首先要对该地区的传统体育文化、体育产业基础、周边人群的体育消费能力和消费习惯、交通的可达性，该地区经济、社会、政治、体育事业等的发展情况进行全方位的调查分析。对比国内外同类型体育小镇的发展实践，找到相似点和不同点，分析该地区的优势和劣势，进行初步的定位。依据小镇原有的基础，结合比较优势，对标国际成功案例，确定体育小镇可达的战略目标。例如，中山国际棒球小镇因客户群体的定位和投资人资源的优势，将小镇定位为“国际体育小镇”；而云南安宁网球小镇则将其定位为“国内一流的体育小镇”。虽然都是冰雪小镇，德国加米施帕滕基兴的特色为单板滑雪，奥地利欣岑巴赫的特色为跳台滑雪，奥地利施拉德明发展高山滑雪，斯洛文尼亚波克柳卡以冬季两项（滑雪和射击相结合的一项运动）为主，拉脱维亚锡古尔达则以雪橇滑雪为特色。

3. 以人为本，充分论证

无论是外培型的体育小镇还是内生型的体育小镇，其建设的最终目标是满足人们逐渐增加的体育消费需求。葡萄牙的贡多马尔始终坚持为残疾儿童提供体育领域的帮助。全世界越来越多的老年人通过适量的体育活动来保持其健康。

体育小镇是未来我国特色小（城）镇的重要组成部分，在建设过程中应该注重“以人为本”,以服务小镇居民、周边城镇或农村居民为己任,因此,体育小镇的规划设计应该充分听取小镇居民的意见,让小镇居民参与小镇的规划方案的评价中。因此,在小镇规划设计时一定贯彻以人为本的理念,由小镇居民、投资商、企业和政府等共同组成评价小组,充分论证方案的可行性。

二、体育小镇的文化传承与生产路径

体育小镇有别于以前的建制镇,是围绕体育、旅游、产业、消费等形成的多功能叠加、多产业融合的空间平台。尽管体育小镇可能承载体育、餐饮、服饰、建筑等多方面的文化,但体育文化应该是其最核心的内容。将体育文化作为体育小镇文化继承的主体、文化生产的依托,以及体育文化新形态构建的基因来考虑。作为空间平台的体育小镇,其建设需要容纳社会文化的要素达成共识后,就非常有必要考虑体育小镇的文化承继与生产内容。作为一种潜在的支撑要素,文化对体育小镇的意义可能需要通过长时间、低渗透的形式显现出来,一旦形成稳定的文化类型,则会成为体育小镇的核心竞争力。体育小镇文化传承与生产的内容体系如图 8 -1 所示。

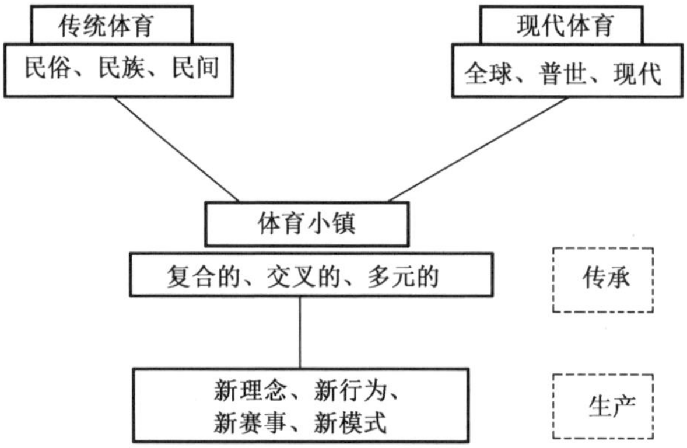

图 8 -1　体育小镇文化传承与生产的内容体系

1. 体育小镇的体育文化传承内容

(1)传统体育的文化要素

在中国传统体育中,很多体育非物质文化遗产都是历史发展的精华,是中华体育文化的重要体现。当前,文化部、国家体育总局已经遴选了多项国家级非物质文化遗产,其中便存在多数的体育项目。2017 年,对于传统文化传承问题,国务院下发了相关文件,要求重视传统文化的发展是当前各项工作的指导方针。

作为城市与农村交叉地带的特色小镇，应构建适应非物质文化遗产的生存空间。客观而言，传统体育类非物质文化遗产，在民间要表现出“根在民间”的特色。随着城市化进程，部分运动项目进入城市后，发生了重大改变。因为人地关系的改变，运动项目已不符合非物质文化遗产原汁原味传承的要求。而农村中的大量体育类非物质文化遗产，由于缺乏必要的传承体系，导致后继无人，亟待相关部门重视。综合而言，现今城市和农村对非物质文化遗产的传承均不理想。

体育小镇的兴起为体育类非物质文化遗产提供了巨大的生存空间。因为体育小镇的建设及其集聚效应，可以引领不同的体育类非物质文化遗产进入传承实体。江苏省徐州市贾汪时尚体育小镇积极与徐州市文化局、体育局以及徐州地方高校徐州工程学院体育学院对接（该校曾承办全国大学生第八届龙狮锦标赛及第四届高校龙狮文化高层论坛活动），贾汪区政府希望将舞龙舞狮的传承基地建设在体育小镇，通过举办不同类型的龙狮大赛，如城市之间舞龙舞狮竞赛、中国徐州贾汪国际龙狮大赛等赛事，发挥赛事带给小镇人流聚集、旅游推广方面的作用，这样既能产生一定的经济价值，也可以为体育类非物质文化遗产传承提供发展的可行性路径。

（2）现代体育的精神要素

体育小镇是现代经济社会发展的产物，也要积极对接现代体育的精髓和意义。当前，参与性的体育赛事、大众性体育旅游等能够实现大量的人流聚集，对推广地方体育产业具有重要意义。而很多地方借助体育文化，大力打造不同的体育品牌，实现了对现代体育精神要素的传承。

大连极力打造冠军小镇，利用大连在竞技体育发展中的突出成绩，借助冠军的相关故事、实物和精神要素，形成了集运动员个人奋斗精神、教练员奉献精神等爱国主义精神的文化形态，对于体育后备人才、青少年的教育，具有良好的精神价值。

徐州是全国体育名城，截止到2022年3月，已有39名徐州籍运动员分别在乒乓球、游泳、体操、自由式滑雪、技巧、蹦床、武术等项目中斩获101次世界冠军、奥运会冠军。以现代体育冠军故事、体育名人展、名人进校园等形式，形成了贾汪时尚体育小镇的现代体育文化的传播空间，对现代体育文化的本地化发挥了重要作用。

（3）传统体育文化与现代体育文化融合的要素

西方现代体育文化与中国传统体育文化发生了碰撞，同时存在交流，能够为体育文化的融合发展提供土壤。如五禽戏作为一种传统的健身手段，演化出五禽操这一现代项目，其运动实质传承五禽戏的精髓。如江苏师范大学体育学院根据五禽戏动作改编的五禽操，已在全国高中小学体育课上推广。体育小镇作为一种文化共同体，容纳传统和现代、中国和西方几种不同的体育要素，通过文化交融能够演化出不同的成果。

体育小镇的价值体现在对现代体育文化和传统体育文化的高度包容。当两种迥异的文化形态相遇后，通过相关理念和行为的贯通，必然能够生发出独特的文化成果。

2. 体育小镇的体育文化生产

与体育文化传承相比，相关文化形态的生产更具有意义。作为一种新的事物，体育小镇一定要在产业创新、文化生产和经济推动等方面做出探索，否则就将陷入发展趋同化、同质化的窠臼。但受到资本的影响，文化生产必然表现出典型的资本逻辑，这需要在体育小镇文化生产中高度重视。

（1）满足个性需求的体育理念

现代体育的发展与各国经济社会发展的联系较为密切。随着经济社会的发展，人们对体育的认识、理解等均发生了明显的变化，尤其是中国人均 GDP 已经达到了国际上公认的公共体育服务需求水平，以体育小镇等形式满足个性化、多样化体育需求具有现实迫切性。

办人民满意的体育事业成为一种理念。通过体育小镇的发展，从而形成中国大众体育的创新载体，践行民生、科学、环保、可持续等理念，进而促进体育理念的优化升级。大力推进社会力量对体育小镇的参与，创新 PPP 模式，打造政府和社会力量协同发展体育事业的格局，是当前中国体育小镇文化生产的重要任务。

（2）日常生活主题的体育行为

体育小镇的发展，根植于中国兴起的近郊体育参与和体育旅游行为普及。当前，以短期旅游、家庭日常生活主题为中心，加强体育与生活行为的契合，成为都市人生活的重要内容，因此对近郊旅游的投入较多。利用周末等闲暇时间，以家庭、社群为单位组织相关体育活动，是当前体育参与的重要方式。

体育小镇的发展将为近郊体育旅游和参与提供新的体验消费产品。人们利用 QQ 群、微信朋友圈、社区体育组织等运动项目社群和体育特色小镇的体育设施，演化出多样化的体育参与行为，带动大量的个体或家庭参与，从而实现体育参与的优化升级。

（3）分散、创新的体育赛事形态

体育小镇的发展需要相关体育赛事的介入，而引入体育赛事由于产权开发限制和价格较高，很多地方趋向于自我生产体育赛事。利用体育小镇的自然条件和体育发展基础,通过相关专业机构的参与,主办相关体育赛事,能够大量吸引民众。

如四川省白马关利用当地独有的地域条件,大力发展户外休闲赛事,利用入选国家级体育小镇的契机,推动了国家级的全地形车创业赛道的建设工作,这也为户外运动休闲、相关赛事的举办,提供了坚实的基础。如一些定向越野比赛、山地自行车挑战赛等的举办,吸引了大量的游客与运动爱好者,每年进入该小镇的人次超过了30万。

(4)多元化体育融合的体育发展模式

当前,借助体育小镇建设研究体育发展的形势,可以为体育事业改革提供新的突破口。体育小镇发展源于产业驱动,是创新体育产业发展的必然路径。但体育小镇必然给群众体育和竞技体育提供新的参照,当体育小镇形成一定的品牌号召力后,群众体育参与和竞技体育表演等必然生发出新的发展模式。

体育小镇的文化传承与生产,首先关注的便是对既有的、现实存在的传统体育文化进行挖掘、传承与发展,在这个基础上,也要关注其对体育文化某一方面的生产意义,这样才能形成稳固的文化资本。体育小镇的规划过程中,对文化要素的打造,是持续推进体育小镇建设的重要步骤。

3. 体育文化传承与生产的路径

体育小镇的文化传承与生产,需要遵循当前我国城市和乡村的双轨发展路径。当前,按照国家给出的城镇化方面的建设要求,需要突出人文特征。人文城市建设中迫切要求增加体育文化因素,建设运动健康生活圈、促进体育文化生活化、建设体育设施等。而美丽乡村建设则从生活方式改造、体育文化设施推广等方面积极布局。尤其是从宏观上推出城市反哺农村的战略以来,城市体育文化的互动成为常态。体育小镇"产城"融合模式如图8-2所示。

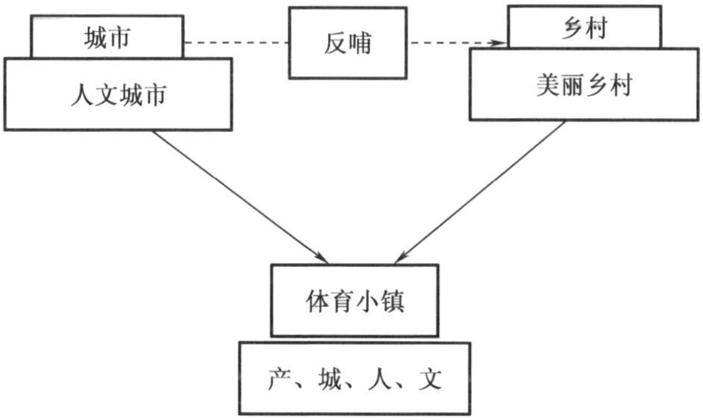

图8-2 体育小镇"产城"融合模式

体育小镇的初步发展阶段要注重产业导入的合理性。但在相关产业规划与布局的同时,思考体育小镇文化发展的重点与步骤,建立体育小镇的文化图谱,是体育小镇发展的重要条件。

(1)产业发展的视觉营造,呈现文化资本的滋养功能

当前,体育小镇的发展有赖于产业发展的红利,形成地方性的视觉符号,表现为体育活动的引入、体育设施的建造和体育组织的发展等。体育产业项目的导入,需要将区域的环境因素、人文因素考虑在内,做好充分融合与应用,经过对产业结构、区域条件、人居环境等多元化、网格化要素的融合,形成新的文化结构、文化模式及其相适应的社会形态,从整体构成一种城市文化资本的要素。

从现有成熟的体育小镇来看,对消费者的引导主要源于其文化资本的外部认同。当体育产业和地方视觉结合时,就会生成一种稳定的要素,引导消费者对此类文化进行主动关注,从而形成一种精神纽带、共同体验和情感认同。

(2)城愁消除的有效塑造,建构城乡融合的精神文明

"城愁"是城市急剧变迁的现代性隐喻,表现为对传统生存空间、活动区域和习惯的依赖;而城市化的急速发展,导致城市居民表现出浓厚的城愁意识。正如霍华德在《明日的田园城市》中,使用通俗的"城市与农村结婚"的理念描述城乡生活的互补性。而体育小镇较好地承担了城市和农村体育生活的互补功能,建构融合城乡体育生活的有机秩序空间。

体育小镇对乡村运动文化遗存的主动延续,能够借助地域条件保留城市居民固有体育活动形式、习惯,唤回儿童无意识运动生活的途径,再现成年人回溯幼年体育生活的场景。

(3)人文生活的价值引导,凸显服务现实生活的价值

体育小镇的生活价值,侧重于对居民的主体价值和生命意蕴的全面观照。基于体育塑造生活的价值导向,体育小镇应成为地方独特体育的魅力人文空间。以体育生活化为导向促进体育文化的传播,通过文化渗透融入日常生活,从而保障体育小镇的持续生命力。作为一种特色体育空间类型,通过人群的聚集,参与者参与体育活动或体验,形成了新的感知,并构建了基于体育交往的人际关系网络。

体育小镇的建设,应该明确日常生活的体育传播概念,通过打造集体育健身馆、线下体育文化体验中心、网络体育文化传播空间为一体的立体化的传播平台,实现小镇体育文化传播的多维途径。体育小镇传播的养生文化、休闲文化和竞赛文化,均是现实生活的直接反映。

（4）文化堕距的精准修补，消除传统与现代文化的隔阂

奥格本在《社会变迁》一书中将文化堕距现象表述为社会变迁的不协调现象，这对体育小镇的文化传承与生产具有重要的参考价值。作为一种规划先行的产物，体育小镇的建设从硬件入手、注重体育活动的引入具有必然性。因为与体育设施和活动等硬件的引入相比较，文化传承与生产更具有隐蔽性、滞后性。体育小镇的建设、体育文化的传承与生产需要从外部观照现代体育产业、城市化进程，从内部形塑体育小镇的体育文化类型、品性，进而融合内外部的双重约束，将体育小镇的文化传承与生产内化为其基本功能，必然表现出体育小镇建设中的文化多聚现象。

以亲缘为结构的体育小镇的建设模式被以业缘为结构的模式代替，传统社会关系割裂，传统体育文化与现代体育文化融为一体的愿景设计，必然引起双方表现出“克里奥尔化”，即异类体育文化的引入，很可能诱发被“侵入”地区对“他者”文化的担忧和恐慌，即新的体育文化元素的渗入与小镇旧有模式的延续（已有文化的承继）的关系，这是不可避免的问题。

当体育小镇尚未形成容纳传统与现代体育文化的文明肌体之前，借助文化互通、场景交流、价值传输等方式，将传统与现代体育文化隔阂消除，具有重要价值。《体育与科学》杂志主编程志理认为：“讲文化自信、讲传统的意义，唯有传统才能拯救现代人的空虚与乏味，传统就是一种鲜活的生活。”我们丢失了很多传统，可不是全部，在十九大精神的感召下，我们需要借助国家顶层设计的律令，走文化自觉之路，回到传统就回到时尚。借体育小镇建设之际，为子孙后代留下一个滋养文化的美好空间。

三、体育小镇的产业布局与实施路径

产业是体育小镇发展的支柱，也是体育小镇的基础。体育小镇建设首先要做体育产业的规划和产业链带动图，明确体育小镇体育产业发展的供需关系、体育产业与配套产业的关系、政府与企业的关系、不同类型的体育小镇的核心产能、配套产业之间的差异，所以体育小镇的建设要合理规划产业布局。

1. 合理布局“三产”，形成品牌

针对体育产业分类问题，2019 年，国家体育总局给出了一个清晰的分类结果，形成了 11 个大类，如体育竞赛表演、体育管理、体育健身休闲、体育场地与设施管理、体育旅游、体育传媒、体育用品与制造、体育用品与销售、体育经纪与代理等。过去的体育产业园区、体育项目培训基地、体育公园及所涉及的体育产业类型不超过 4 个，而体育小镇建设作为全民健身、体育产业集聚以及竞技

体育发展的复合型平台,涉及8种及以上的体育产业类型,所以,体育小镇中体育产业的形态基本类似,除了体育制造业外,其他的产业类型因核心运动项目的不同而呈现出不同特色。

体育小镇的产业层次可以分为核心产业、相关产业、基础产业。核心产业主要是指以单一运动项目为核心,建设产业生态链,形成产业集聚。例如网球小镇,其核心产业为网球,主要包括网球赛事的举办,网球培训,网球场馆的规划、经营与管理等。相关产业是指与核心产业发展密切关联,支撑核心产业发展业态的产业。网球小镇的相关产业为旅游业、餐饮业、住宿及其衍生品等业态。基础产业主要是指小镇宜居所需的产业类型。体育小镇建设的最终目标是满足居住者的衣食住行,提高居住者的生活质量,所以小镇的基础产业主要是指为了满足新型城镇化发展所需的教育、医疗、交通等。体育小镇的规划要合理布局“三产”,让整个产业网络逐渐丰富完善起来,不仅要实现宜居,还要实现宜业,赋予小镇更为鲜明的“宜游”特征。

2. 盘点资源,寻根溯源,讲好体育故事

体育小镇首先应强调“体育”特色,小镇的建设应突出“球土化”意识。依据当地的自然资源、历史文化资源、体育基础、人文环境等“体育 + N”的环境挖掘地方特色,合理选择体育产业类型,打造体育产业核心项目。对重要体育项目的地域文化含义予以深挖,并围绕产业发展的需求进行再造,对体育小镇的历史故事与内涵做好表达。像嵩皇体育小镇的建设不应该丢弃嵩山少林文化,目前的建设是依据自然环境发展卡丁车、越野赛、马术等项目,相比浙江莫干山、南京汤山温泉小镇而言,嵩皇小镇的自然环境优势明显不如少林文化IP的影响力和独特性。贾汪时尚体育小镇建设初期很惊艳,成为省级、国家级体育小镇培育项目,可是在培育期,体育产业定位始终不明确,依靠零散的几个项目难以形成产业集聚,因此,两年建设期末未通过江苏省的中期考核。针对体育基础薄弱的现实,贾汪时尚体育小镇充分盘点现有的体育资源,将贾汪区内UVOL滑翔伞基地项目引入。这个滑翔伞基地已引起国内外飞行爱好者的关注,曾吸引了众多国内知名网红为其宣传。目前滑翔伞基地项目基本形成完整的产业链,滑翔伞学院负责人说:“如计划顺利发展的话,凭借这里优越的山体条件,可以建设全世界最大的滑翔伞基地。”滑翔伞资源可以助贾汪时尚体育小镇逐步形成其特色体育。

3. 规划配套产业,培育体育产能

体育消费是功能性、符号性与地位性消费,体育消费的特点促使运动所带流量的更大的商业价值必须通过与其他相关业态的配套和整合运营才能实现盈利。因此,城市运营体育产业项目必须做到“体教文旅商”融合发展,若在山野乡间运营体育特色小镇或运动休闲综合体,则必须加上农、林、水利等相关业态。因此,体育小镇建设要重视规划配套产业、培养体育产能。配套产业主要指依靠运动营养、体育俱乐部、体育媒体、运动住宿、运动医疗、体育科研等产业发展的支持,培育体育规划、科研人员,志愿者,体育赛事、活动的运营人员,体育场馆的管理及运营人员,体育教练员,体育康复师等核心产能。

体育小镇应以促进社会融合为己任,帮助老、弱、病、残群体和少数民族、宗教团体参加体育活动。这些需要帮助的群体非常明确,而且亟待解决一些需求。为这些需求提供解决方案、产品和服务,是体育小镇“产业兴镇”的动力之源,也是体育小镇培育产能、持续供应产能和不断提升产能的动力之源。

4. 重视“风险集聚”,形成品牌

体育产业的关键产业如比赛演出业、培训业均存在一定的风险,体育小镇存在风险集聚的现象。发展体育产业和康养产业必须重视风险集聚,重视运动医疗、急救和老年病的预防、治疗、康复,以及相关的交通和人性化配套设施。

2020 年,疫情使世界体育在不同水平上产生了“社交性死亡”,体育小镇这个以“流量”为主要盈利点的体育产业发展平台受到了极大的影响,没有客流、资金流、信息流、能量流、媒体流,尤其是外培型体育小镇基本处于停滞状态。疫情的影响,让体育产业与信息技术和互联网技术的关联越来越紧密,体育发展表征出社交化、娱乐化、分众化、碎片化、个性化的新特征。面临体育发展的趋势,初创期的体育小镇应调整其发展思路,场馆设施的智慧化、赛事的仪式感、场景布置的艺术化、营销途径的多样化等举措促进体育产业的发展。

体育小镇要重视风险集聚、应对得当,只有这样,小镇才会提高处理能力,形成品牌效应。

四、体育小镇体制机制的创新路径

在中国,体育小镇的建设主要由政府主管部门、参与企业以及当地的居民共同完成。缺少政府的支持、引导,体育小镇建设容易出现地产化、破坏生态环境的现象;缺少企业投资参与,体育小镇的建设会增加政府的债务风险、缺少市场活力;失掉小镇居民的参与,体育小镇建设终将会变成“空城”“政绩工程”而失去发展的动力。

1. 政府有边界,营造良好的营商环境

我国的国情决定了我国城镇化建设过程中,以政府主导、社会参与为主要运作模式。因此,中国的体育小镇在发展过程中不能像国外的体育小镇完全由市场决定，而应是“自上而下”地制定政策、监督执行，才能促进体育小镇的稳步发展。2021年7月，国务院关注了“放管服”改革问题，针对该问题，主张采取举措，促使市场主体活力提升起来，由此，发布了国办发〔2021〕25号文件，明确需要针对市场主体的现实需要，做好市场层面的改革，尤其是市场营商环境方面，需要大力改进，着力打造法治化营商环境，激活市场主体活力，营造优良的营商环境。体育小镇与传统的建制镇、工业园区开发、体育综合体建设模式都不一样，它特别重视社会资本，注重在体育小镇建设过程中各经营主体的协作。推进体育小镇建设，最重要的是要处理好政府和市场的关系。因此，体育小镇建设可以成为政府“放管服”的一个试验区域，使其营商环境得到改善，取得“单项冠军”。

政府部门主要做好四个方面的工作，而不是大包大揽或是完全放任自流。积极发挥体育产业在民生改善方面的作用，构建和谐宜居的生活环境；合理规划产业空间，做好体育小镇建设的顶层设计，制定切实可行的发展策略；完善投融资政策和法律，规范市场秩序，形成地域特色的体育小镇发展模式。

首先，成立专门的工作小组，聘请专业的策划团队，做好体育小镇的专项规划。地方政府应履约尽责，当地体育部门应发挥协调作用，体育小镇领导小组应有所作为。体育小镇的规划设计涉及小镇空间结构的布局、产业的选择、原居民的安置、招商投资等工作，不是任何一个企业所能担负的，所以体育小镇的规划编制工作，必须由专门的人推进，由专业的公司进行规划。

其次，提供基础设施配套建设。重点是完善小镇公共体育设施、交通、教育、医疗等基本的功能，通过生产环境保护、赛事条件改善，实现较为出色的营商环境，从而发挥市场作用，引导企业进入。

再次，采用盈利互补或政策补贴等方式，吸引专业的运营团队进驻，采用“PPP + L”的运营模式，明确分工，稳步推进体育小镇的建设。大力支持运营企业的工作，把体育小镇的运营转交到专业的企业，政府部门做好监督工作。体育小镇的建设主体应积极配合和支持运营公司做好大型赛事的引入、赛事的各项审批和管理工作，建立小镇投融资政策，调整体育产业结构布局，营造良好的产业集聚条件，不断壮大体育产业。

最后，引导入驻企业承担社会责任，鼓励小镇居民参与体育小镇建设，并成立督导小组或聘请第三方评价机构，建立监督、评价机制，对小镇的规划实施进行动态的评估，及时发现问题，做出应对策略。

2. 企业有担当，形成良性的运作机制

对于体育小镇建设本身而言，虽然小镇是由政府主导，但需要坚持以市场运作为准。在运作过程中,要拓宽资金来源渠道,吸纳有社会责任心、有担当、层次高的企业,建立规范化的市场竞争机制,形成良性的运作机制。

(1)拓宽融资渠道

当前,体育小镇普遍存在着基础设施薄弱、建设资金不足的特点,需要以平等开放的竞争机会,鼓励各类资金投入体育小镇中。要建立灵活的融资和投资机制。除了政府部门的财政资金外,还可以通过与政策性银行对接,成立专门的融资平台,调动属地龙头企业的积极性,引导企业主动承担社会责任;或者基于项目的投资运作等方式进行融资,充分发挥现有宣传媒介,借助属地"体育名人""体育球迷""网红体育项目""体育赛事"等的效益直接获得资金,用于公共体育设施的建设;可以参考广西马山攀岩小镇的运作案例,在赛事期间举办公益捐助活动、聘请体育名人直播带货等做法。

(2)专业公司运作体育小镇

体育产业发展也有自己的建设规律,其他企业或许懂建筑、懂旅游,然而并不了解体育,要建设以体育为特色的小镇,就必须引入专业的体育运作公司或由龙头企业或政府成立专门的体育小镇运作公司,对小镇的建设实行统一的管理、统一的品牌宣传,更有利于小镇形成品牌。体育小镇的建设需要体育专业人才。体育小镇建设时间紧、任务重、市场潜力大,已成为当前各级政府部门和社会资本关注的焦点领域,吸引了大量房地产企业、投资机构等进入。因此,在特色小镇发展过程中,如何有效利用包括社会资本、政策性金融等在内的资金,资金进入后小镇如何建设、运营,已成为当前需要解决的关键问题。基于相应的发展经验、成熟案例来看,首先关注的便是该小镇是否有专业的运营公司。体育小镇作为一个商业化的运作平台,需要专业人士、专业公司运作,才能形成特色、形成品牌。其次,要关注专业的运作公司是否提供平台,吸引相关企业的加入,形成良性的运作模式。

3. 创新人才引进、培养的机制

人才对体育小镇的发展至关重要,而目前体育小镇建设面临着严重缺乏体育产业发展、体育场馆运营、体育赛事服务等复合型人才的局面。借助人才引入政策引来高层次体育人才,体育小镇企业主动与高校联系,建立联合培养或订单式培养模式,加快体育小镇所需人才的培养。体育小镇通过土地政策或人才引进政策,引入已成规模的与小镇核心项目一致的培训学校,提供实习机会,或引进企业投资建立专门的培训机构或培训学校,为小镇建设提供不竭的动力。

4. 调动小镇居民的积极性,形成"共建、共治、共享"机制

城镇规划的根本目的是提升居民的生活质量。体育小镇建设身为"攻坚脱

贫”的方式，更应该注重新社区全民体育参与、体育消费意识的培养，尤其是原居民对于他们生活家园建设的关注度和参与情况，直接决定了新社区的生活气息，没有生活气息的小镇何谈宜居及长期建设。所以，体育小镇建设期间要全面发挥居民的主动性，使原居民参与小镇的建设、管理过程中，共享小镇的建设成果，形成“共建、共治、共享”机制，才能实现小镇的可持续发展。

（1）加大宣传，正确引导，提升原居民的文化认同感

体育特色小镇建设的首要任务是改变小镇原居民对体育观念的看法，提升原居民对体育小镇建设的认同感。体育小镇建设的目的是提高小镇居民的生活水平和生活质量，原居民是体育小镇建设初期小镇内的主力人员。所以，在推动特色体育小镇的发展环节，第一步便需要对原居民角色给予清晰界定，在规划建设过程中，体现“以人为本”的原则，这里的“人”，不仅是指人才和劳动力，还包含乡贤和原居民。我国农村发展的特殊性，使得乡贤在群众中的威望很高，他们对当地的历史文化、人文风貌都很了解，这一群体是政府、企业与原居民之间沟通交流的桥梁，因此，可以充分发挥乡贤的作用，了解民众所需，引导其主动积极地参与规划层面中，从源头上解决体育小镇在建设中找不到归属感、原居民主体地位缺失的问题。

（2）多渠道地鼓励小镇原居民参与体育小镇建设

体育小镇建设的本质可以说是城乡协调发展的一种新型的方式与路径，也是乡村脱贫振兴的一条渠道，是用来培育产业，依靠产业兴盛的，所谓“授人以鱼，不如授人以渔”。体育小镇原居民的生存方式是体育小镇建设首要考虑的问题，要引导他们参与体育产业的发展中。由于小镇原居民的特点，要使其参与体育产业的建设中需要一个长期的过程，需要政府、开发运营商、原居民三方的共同努力。政府和运营商可以通过开展职业技能再培训、定期举办文创讲座、开展体育知识的宣传等途径提高小镇原居民的再就业技能，使体育小镇原居民尽快地加入体育产业的发展，获得成就感和归属感。聘请专业人士对体育小镇的发展进行顶层设计，全面考虑入驻体育产业集聚和小镇原居民业态，实现农业、手工业产品与体育产业的融合，鼓励小镇原居民的创新创业，不仅可以丰富体育小镇的产业类型，还能提升体育小镇原居民的自信，主动地参与体育小镇的建设中。

（3）“三治融合”，构建体育小镇建设的共同体

在体育小镇的新社区建设中，如何“让原居民从消极无为的顺民或激进抗争的‘悍民’转化为按照现代权利规则行为处世的公民”，重塑继承社区主体的

“我爱我家”的使命感和责任感,社区成员在行为上符合法律和道德规范,这需要以共同情况与后果为前置条件,即这些成员之间需要存在一类特殊的关系才出现共同体。因此,小镇居民的广泛互动和参与是形成新社区共同体的关键因素。创新体育小镇的管理机制和运营机制,充分发挥地方政府、运营企业和乡村精英的作用,建立体育小镇建设的利益共享机制,激发原居民广泛参与体育小镇建设。体育产业发展与群众体育、健身休闲有机结合,使体育小镇真正成为一个同参与、同支持、同分享的体育城。

小　结

综合国外一些著名体育小镇的发展规律和经验,结合我国各地体育小镇的发展实践,可以概括出体育小镇建设的四大成功要素。一是体育小镇要有“灵魂”。实现创新、文化传承两个层面的深度结合,赋予体育小镇文化灵魂和更为鲜明的特色,肩负起文化传承和再造的使命。二是体育小镇要有“源泉”。将体育产业与其他产业强化起来融合建设,是小镇的生命和活力源泉。三是体育小镇的体制机制要“创新”。政府、企业、市场和人才四方合力,才能使小镇良性运转。四是体育小镇要有“优势”。发挥地区与资源的组合优势,实现地区与资源的优势互补,才能吸引更多的投资商,实现效益最大化。体育小镇不同于传统建制镇、体育产业园区、体育公园以及体育项目培训基地的建设,在建设过程中要注意“产城”融合、小镇功能联动、小镇特色选择、PPP 模式运用等问题。

体育小镇的建设要坚定不移地贯彻“创新、协调、绿色、开放、共享”的新发展理念,遵循创新性、科学性、集约化、可持续发展的原则。依据小镇的基础资源,发挥比较优势,以人为本,进行小镇规划方案的论证、差异化定位,做好规划设计。传承和创新体育小镇的文化内涵。体育小镇的文化传承内容主要有传统体育文化的要素、现代体育精神要素以及两者融合后的要素。文化的生产主要体现为满足个性需求的体育理念、日常生活主体的体育行为、分散和创新的体育赛事形态以及多元融合的体育发展模式。体育小镇可以通过产业发展的视觉营造,呈现文化资本的滋养功能、城愁消除的有效塑造,建构城乡融合的精神文明、人文生活的价值引导、凸显服务现实生活的价值、文化堕距的精准修补、消除传统文化与现代文化的隔阂等。小镇的建设要合理布局“三产”,才能形成品牌。产业是体育小镇发展的支柱,也是体育小镇的基础。体育小镇的产业可以分为核心产业、相关产业和基础产业三个层次。其重点是，围绕核心项目，讲好体育故事；规划相关产业，培育体育产能；重视风险集聚，应对环境变化；调整思路，与时俱进。从政府、企业、专业人才和小镇居民四方合力创新小镇体制机制，即政府有边界，营造良好的营商环境；企业有担当，形成良性的运作机制；创新人才引进、人才培养的机制；调动小镇居民的积极性，形成“共建、共治、共享”机制。

参考文献

[1]孟望生,张扬.自然资源禀赋、技术进步方式与绿色经济增长:基于中国省级面板数据的经验研究[J].资源科学,2020,42(12):2314－2327.

[2]裴耀琳,郭淑芬.资源禀赋约束下生产性服务业集聚的产业结构调整效应研究:基于资源型城市与非资源型城市的对比分析[J].软科学,2021,35(1):62－67.

[3]白琨.依托资源禀赋实现体育文化产业可持续发展的思考[J].智库时代,2020(5):275－276.

[4]张德利,尹维增,李诚刚,等.资源禀赋与文化认同:区域体育文化产业的可持续发展研究:基于安徽体育产业发展的思考[J].体育与科学,2019,40(3):74－79,93.

[5]张鹏博.基于资源禀赋视角下边远少数民族地区体育特色小镇建设研究[J].四川体育科学,2019,38(4):81－84.

[6]姜同仁,夏茂森.新常态下中国体育产业发展与趋势预测研究[J].武汉体育学院学报,2015,49(5): 47－55.

[7]葛蓓,朱凯迪.我国体育产业共生趋势与模式建构[J].安徽师范大学学报(自然科学版),2021,44(1):93－97.

[8]赵同庆."区域协同"视角下河西走廊体育特色小镇建设布局研究[J].当代体育科技,2019,9(19):224－225.

[9]司亮,钟玉姣.资本与权力:我国体育小镇空间生产的主要动力[J].沈阳体育学院学报,2018,37(3):60－65,95.

[10]陈晟.产城融合(城市更新与特色小镇)理论与实践[M].北京:中国建筑工业出版社,2017:10.

[11]张沛中,张奇智.产业集群:发展我国体育用品产业的战略选择:以福建晋江运动鞋产业集群为例[J].福建体育科技,2005,24(1):26－28.

[12]杨少雄.促进中国体育产业集群发展的思考[J].嘉应学院学报,2005(3):116－119.

[13]刘兵.产业集群的成因对我国体育产业发展的启示[J].成都体育学院学

报,2009,35(12):16 - 19.

[14]王龙飞,姚送礼,王俊之.体育特色小镇建设中体育产业的集群式发展研究[J].南京体育学院学报,2017,31(5):49 - 54.

[15]李勇,冯伟,李洪波.江苏省体育小镇的空间布局研究[J].体育成人教育学刊,2018,34(6):44 - 47.

[16]田启.体育产业与旅游产业耦合研究[D].上海:上海体育学院,2017.

[17]谢洪伟.大型体育赛事与城市发展耦合发展研究[D].北京:北京体育大学,2013.

[18]胡安宁.文化资本研究:中国语境下的再思考[J].社会科学,2017(1):64 - 71.

[19]吕森.社会记忆:历史、回忆、传承[M].李斌,王立君,白锡堃,译.北京:北京大学出版社,2007:1.

[20]陈立旭.论特色小镇建设的文化支撑[J].中共浙江省委党校学报,2016(5):14 - 16.

[21]尹晓敏.对当前浙江特色小镇建设存在问题的思考[J].浙江经济,2016(19):35 - 37.

[22]陈爱红,竺蓉.探索非遗保护传承新路径:宁波打造“非遗特色小镇”[N].中国文化报,2017 - 05 - 12(5).

[23]CHRISTOPHER B. Oro Valley, Visit Tucson working to develop sports tourism industry in the region [N]. Inside Tucson Business,2018 - 08 - 03(9).

[24]JAMES F. Sports bring community together[J]. Business First of Buffalo,2016(1):30.

[25]SIMON H. The segmentation of potential tourists: constraint differences between men and women[J]. Journal of Travel Research,2000,38(4):363.

[26]STEVEN W,SYLVIA T,RIPP D. Did the 2012 World Series positively impact the image of Detroit?: sport as a transformative agent in changing images of tourism destinations[J]. Journal of Sport & Tourism,2014,19(1):79 - 100.

[27]KLAUS W,THOMAS B. Tourism education in Austria and Switzerland: past problems and future challenges[J]. Journal of Teaching in Travel & Tourism,2005,5(1/2):39 - 60.

[28]PATRICE B, PAM M - W, JULLIAN L. Small business clustering: accessing knowledge through local networks [J]. Journal of New Business Ideas & Trends,2005,3(2):57 - 63.

[29]JULIE J,PETER M . Tourism destinations as clusters: analytical experiences from

the new world[J]. Tourism & Hospitality Research, 2002,4(1):36 –52.

[30]GILLES P. The governance of French towns:from the centreperiphery scheme to urban regimes[J]. Analise Social,2010,45(197):717 –737.

[31]STODDART M. Making meaning out of mountains: the political ecology of skiing[M]. Washington:University of Washington Press,2013:85.

[32]STEPHEN V . Only in whistler: tales of a mountain town[M]. Madeira Park: Harbour Publishing Company Limited,2009.

[33]李懿,张盈盈,解铁鹏. 特色小镇建设:历史镜鉴与域外经验[J]. 国家治理,2017(14):36 –48.

[34]王旭阳,黄征学. 推进中国特色小镇建设研究[J]. 区域经济评论,2017(5):124 –130.

[35]谭冉. 体育小镇开启产业投资新蓝海[J]. 经济,2017(11):92 –94.

[36]周莉雅,李晓清. 江苏特色小镇创建的思考与启示[J]. 中国经贸导刊,2017(5):11 –12,20.

[37]路建楠. 上海推进特色小镇发展的政策思路及典型案例研究[J]. 科学发展,2017(1):38 –45.

[38]孙超英,赵芮. 推进四川特色小镇建设的若干思考:基于四川发展特色小镇的 SWOT 分析[J]. 中共四川省委党校学报,2016(3):40 –45.

[39]程斌. 特色旅游小镇建设与花腰傣民族体育文化繁荣研究[J]. 当代体育科技,2013,3(35):121 –123.

[40]闵学勤. 德国名镇哥廷根的建设对中国特色小镇创建的启示[J]. 中国名城,2017(1):36 –40.

[41]田傲云. 国外特色小镇案例[J]. 城市开发,2017(4):47 –49.

[42]柒石, 从国外风情度假小镇看旅游小镇发展模式[J]. 产业地产,2015(14):57 –59.

[43]程文广,王宁宁. 体育特色小镇建设对居民亲环境行为的影响:地方认同、自然共情多重中介效应[J]. 北京体育大学学报,2021,44(5):79 –89.

[44]刘灏,张宏杰 . 新型城镇化视域下运动休闲特色小镇建设机制及路径研究[J]. 南京体育学院学报(社会科学版),2017,31(4):14 –17,27.

[45]范尧,肖坤鹏,杨志,等. 体育特色小镇推进供给侧结构性改革的成绩、经验、问题与策略[J]. 沈阳体育学院学报,2020,39(5):117 –124.

[46]季朝新,王一博. 运动休闲特色小镇建设:逻辑起点、概念模型和功能定位[J]. 体育文化导刊,2018(2):88 –92.

[47]张雷. 运动休闲特色小镇:概念、类型与发展路径[J]. 体育科学,2018,38(1):18-26,41.

[48]蔡文菊,肖斌,布和. 新时代推进体育强国视域下的体育特色小镇建设研究[J]. 北京体育大学学报,2019,42(10):1-9.

[49]王松,张凤彪,毛瑞秋,等. 体育特色小镇:民族传统体育文化保护、传承与弘扬[J]. 沈阳体育学院学报,2019,38(6):130-138.

[50]苏传民. 大连市海岛小镇群众体育内生性发展研究[D]. 大连:辽宁师范大学,2014.

[51]蒋清,敬艳. 全域旅游视域下体育特色小镇的开发[J]. 开放导报,2017(5):92-95.

[52]王志文,沈克印. 产业融合视角下运动休闲特色小镇建设研究[J]. 体育文化导刊,2018(1):77-81.

[53]杨越,姜兆银,马文博,等. 运动休闲特色小镇建设的框架、路径及策略[J]. 体育成人教育学刊,2018,34(4):10-12.

[54]陈洋,孔庆波. 体育小镇市场化运营中影响力经济的形成过程与实现路径[J]. 武汉体育学院学报,2021,55(4):53-59.

[55]车雯,张瑞林,王先亮. 文化承继与产业逻辑耦合:体育特色小镇生命力培育的路径研究[J]. 体育科学,2020,40(1):51-58.

[56]朱罗敬,方春妮,肖婷."1.0代体育小镇"阶段性实践经验、实践困境与优化路径:以城市近郊邻水镇体育小镇为例[J]. 体育与科学,2021,42(1):106-113.

[57]王峰,邢金明,郑国华. 美国体育小镇的类型特征、创建发展及启示[J]. 西安体育学院学报,2020,37(2):129-136.

[58]张宝雷,张月蕾,徐成立,等. 国外体育特色小镇建设经验与启示[J]. 山东体育学院学报,2018,34(4):47-51.

[59]王峰,郑国华,陈宁. 美国体育小镇的运行机制及其对中国的启示[J]. 武汉体育学院学报,2019,53(4):26-33.

[60]王成. 中外比较视域下的体育小镇认知反思与重构[J]. 上海体育学院学报,2020,44(1):78-86,94.

[61]鲁志琴,陈林祥. 国内外体育小镇发展的社会背景比较[J]. 山东体育学院学报,2019,35(3):32-36.

[62]刘成,徐思敏,刘兰娟. 我国体育小镇公共政策演进与政策文本量化比较研究[J]. 河南师范大学学报(自然科学版),2021,49(3):85-93.

[63]李萍,汤立许.乡土危机与行动逻辑:民间体育与魅力乡村的融合治理发展[J].武汉体育学院学报,2018,52(8):56-61.
[64]张泽君,隋凤娟,张建华,等."互联网 +"视域下体育特色小镇发展研究[J].河北体育学院学报,2018,32(3):36-40.
[65]魏婷,张怀川,马士龙,等.基于"PPP创新金融支持模式"视野下我国运动休闲特色小镇建设研究[J].沈阳体育学院学报,2018,37(5):1-7.
[66]王志文,沈克印.产业融合视角下运动休闲特色小镇建设研究[J].体育文化导刊,2018(1):77-81.
[67]邵桂华,郭利军.运动休闲特色小镇PPP建设模式的风险分担模型研究[J].天津体育学院学报,2017,32(6):461-467.
[68]田学礼,赵修涵.体育特色小镇发展水平评价指标体系研究[J].成都体育学院学报,2018,44(3):45-52.
[69]何春刚.体育小镇建设中的政府职能与推进路径[J].南京体育学院学报(社会科学版),2017,31(4):23-27.
[70]李铁.特色小镇热潮下的冷思考[EB/OL].(2017-03-20)[2018-11-06].http://www.sohu.com/a/129460346_225562.
[71]国家体育总局.体育总局办公厅关于推动运动休闲特色小镇建设工作的通知[EB/OL].(2017-05-11)[2020-11-06].http://www.sport.gov.cn/n316/n336/c802334/content.html.
[72]余守文,王经纬.中、美两国体育产业财税政策比较研究[J].体育科学,2017,37(10):80 89.
[73]王小章.特色小镇的"特色"与"一般"[J].浙江社会科学,2016(3):46-47.
[74]仇保兴.以"三修"理念建"五特"特色小镇[N].建筑时报,2016-11-07(6).
[75]王辉,李平."特色小镇"建设进程中民族传统体育的生存路径研究[J].体育科技,2019,40(4):94-96,99.
[76]胡潇.资本介入文化生产的耦合效应[J].中国社会科学,2015(6):45-61,206.
[77]李煜.文化资本、文化多样性与社会网络资本[J].社会学研究,2001(4):52-63.
[78]张鸿雁.特色小镇建设与城市化模式创新论:重构中国文化的根柢[J].南京社会科学,2017(12):59-67.
[79]霍德华.明日的田园城市[M].金经元,译.北京:商务印书馆,2010.
[80]奥格本.社会变迁:关于文化和先天的本质[M].王晓毅,陈育国,译.杭州:浙江人民出版社,1989.

[81]里茨尔.虚无的全球化[M].王云桥,宋兴无,译.上海:上海译文出版社,2006:110.
[82]鲍明晓.论场景时代的体育产业[J].上海体育学院学报,2021,45(7):1-7.
[83]吴毅.小镇喧嚣:一个乡镇政治运作的演绎与阐释[M].北京:三联书店,2018:514.
[84]王辉,刘千贤.基于SWOT模型的贾汪时尚体育小镇培育策略[J].江苏商论,2019(2):28-30,35.
[85]王辉,李平,徐光辉,等.中国体育小镇的建设路径探析:基于江苏体育健康特色小镇的实地调研[J].体育科学研究,2019,23(1):11-16.
[86]张允熠.中国主流文化的近现代转型(上册)[M].合肥:黄山书社,2010:66.
[87]亨廷顿.文明的冲突与世界秩序的重建[M].周琪,译.北京:新华出版社,2009.
[88]周晓虹.产业转型与文化再造:特色小镇的创建路径[J].南京社会科学,2017(4):12-19.
[89]钟敬秋,崔瑞华,赵文桢,等.中国体育产业投入-产出-效率空间分异及其耦合关系的探究[J].沈阳体育学院学报,2018,37(2):41-50.
[90]侯猛,董芹芹.国外体育产业型特色小镇建设经验及启示:以意大利蒙特贝卢纳镇为例[J].辽宁体育科技,2019,41(5):1-4.
[91]陈丹丹,王玉瑾.新时代运动休闲小镇发展要素研究[J].广州体育学院学报,2020,40(4):57-59.
[92]余守文.体育助力区域扶贫:美国的经典案例和我国的启示[J].体育与科学,2021(3):7-15.
[93]国务院.国务院关于印发全民健身计划(2021—2025年)的通知[EB/OL].(2021-07-18)[2021-08-07].http://www.gov.cn/zhengce/content/2021-08/03/content_5629218.htm?trs=1.
[94]朱洪军,张林,鲍明晓.体育特色小镇的国际案例分析与主要启示[J].山东体育学院学报,2018,34(6):28-34.
[95]黄文祥.中山市国际棒球小镇公共体育服务体系的运行机制研究[D].广州:广州体育学院,2019.
[96]杨毅然,沈克印.精准扶贫背景下体育特色小镇助力体育扶贫研究:以广西马山攀岩小镇为例[J].体育研究与教育,2018,33(4):24-29.
[97]李寅峰,马惠娣."特色小镇"建设中冷思考:特色小镇建设中的文化汲取

与传承[J]. 治理理论,2018(3):113 - 121.
[98]李柏文,曾博伟,宋红梅. 特色小城镇的形成动因及其发展规律[J]. 北京联合大学学报(人文社会科学版),2016,15(2):36 - 40.
[99]TAN K C. Small towns in Chinese urbanization[J]. Geographical Review, 1986,76(3):265 - 275.
[100]圣莫里茨滑雪场[J]. 体育博览,2015(2):40 - 42.
[101]李颖川. 中国体育产业发展报告(2020)[M]. 北京:社会科学文献出版社,2021:2.
[102]孙光,毕道远. 论"民生改善"作为我国体育产业发展的基本利基[J]. 体育与科学,2012,33(4):42 - 44.
[103]黄海燕. 新时代体育产业助推经济强国建设的作用与策略[J]. 上海体育学院学报,2018,42(1):20 - 26.
[104]左逸帆,胡天弄,陈小蓉. 基于 GIS 对运动休闲特色小镇的规划建设研究[J]. 山东体育科技,2018,40(1):84 - 90.
[105]陈刚,杨国庆. 中国体育小镇建设纲要[M]. 北京:人民体育出版社,2017:9.
[106]王珊. 体育特色小镇建设二元模式的路径分析[J]. 体育世界(学术版),2018(12):42 - 43.
[107]任波,戴俊,夏成前,等. 中国体育产业结构的内涵解析与供给侧优化[J]. 北京体育大学学报,2018,41(4):16 - 27.
[108]住房和城乡建设部政策研究中心,平安银行地产金融事业部. 新时期特色小镇:成功要素、典型案例及投融资模式[M]. 北京:中国建筑工业出版社,2018:9.
[109]谢旭东,周生旺,孙庆祝. 体育产业与城市发展的互动关系及其耦合演化过程研究[J]. 天津体育学院学报,2009,24(5):427 - 430.
[110]焦秀奇. 世界城市化发展的 S 型曲线[J]. 城市规划,1987(2):34 - 38.